旅游高等职业院校精品课程系列教材

民航安全检查实训

MINHANG ANQUAN JIANCHA SHIXUN

邵丹丹 / 主编

中国旅游出版社

旅游高等职业院校精品课程系列教材编写指导委员会

主　任：陈　敏
副主任：郭　君　柏文涌
委　员：肖泽平　曾声隆　袁昌曲　郭艳芳　谢　强　何守亮
　　　　高　翔　于才年　刘大龙　陈　泉　代　银

《民航安全检查实训》

主　编：邵丹丹

前言
Preface

民航安全，是民航运输业永恒的主题。民航安全检查作为民航空防安全地面防范的关键和核心关口，在整个民航运输过程中起着至关重要的作用，是有效确保飞行和旅客生命及财产安全的必要措施和手段。目前，我国已成为世界排名第二的民航大国，而且我国民航业仍在持续高速发展。在这样的背景之下，我国民航业对相应专业技术人员的需求也在不断增加。为了满足民航业的巨大需求，并为国家培养一批道德高尚、素质优良、技能娴熟的一专多能的民航地勤服务人才，我们编写了这本《民航安全检查实训》。本教材具有以下几个突出特色。

1. 任务导向，注重能力培养

本教材以民航安全检查中各岗位的工作任务为主线，精讲理论，注重能力培养，能有效培养学生的实际操作能力，为其将来走向工作岗位奠定扎实的专业基础。

2. 体例新颖，易教易学

本教材采用"项目—任务"的编写模式，既方便学生学习，又方便教师授课。首先，教材在每个项目下给出了应掌握的知识目标和技能目标，详细列出每项任务的重要知识点与所应掌握的操作技能，便于学生有目的地进行学习。其次，教材通过"情景导入"模块，利用相关知识或案例的形式进行课堂导入，引发学生对即将学习内容的思考，激发学生的学习兴趣。然后，在内容安排方面，教材使用通俗易懂的语言讲解每项任务的相关理论知识。同时，在讲解过程中穿插了"知识角""新闻台""典型案例"模块，既便于学生理解与掌握相关知识，又开拓了学生的视野。再次，教材通过"项目实训"模块，根据所讲解的相关知识设置内容丰富、形式多样的项目实施活动，不仅能提高学生的课堂参与度，同时还能帮助其巩固所学知识，提升实践操作能力。最后，教材提供了项目学习效果综合测试，通过不同类型的习题帮助学生检验、巩固所学知识。

3. 图文结合，便于阅读

本教材配有图片和视频，用来辅助讲解知识点和技能点，能帮助学生更加直观地理解相关知识。

在编写过程中，我们参考了很多业内人士的观点、书籍及文章，在此谨向他们表示诚挚的感谢！由于编写时间仓促，加之编者水平有限，书中难免存在疏漏与不当之处，敬请广大读者批评指正！

邵丹丹
2024 年 8 月

目录 Contents

项目一　民航安检　　　　　　　　　　　　　　/ 001
　任务一　民航安检的产生与发展　　　　　　　　/ 002
　任务二　民航安检工作　　　　　　　　　　　　/ 011
　任务三　民航安检部门及安检员　　　　　　　　/ 017
　项目学习效果综合测试　　　　　　　　　　　　/ 026

项目二　航空安全保卫的法律法规　　　　　　　/ 028
　任务一　航空安全保卫的相关国际组织　　　　　/ 029
　任务二　航空安全保卫的相关国际公约　　　　　/ 035
　任务三　《中华人民共和国民用航空法》的相关内容　/ 042
　任务四　《中华人民共和国民用航空安全保卫条例》
　　　　　的相关内容　　　　　　　　　　　　　/ 045
　任务五　《民用航空安全检查规则》的相关内容　/ 050
　项目学习效果综合测试　　　　　　　　　　　　/ 054

项目三　安检人员的职业道德与礼仪规范　　　　/ 056
　任务一　职业道德的基本知识　　　　　　　　　/ 057
　任务二　安检人员的职业道德规范　　　　　　　/ 060
　任务三　安检人员的礼仪规范　　　　　　　　　/ 075
　项目学习效果综合测试　　　　　　　　　　　　/ 082

项目四　物品检查 /084
　任务一　民航旅客禁止随身携带和托运物品的相关知识 /085
　任务二　民航旅客限制随身携带或托运物品的相关知识 /093
　项目学习效果综合测试 /099

项目五　开箱（包）检查 /101
　任务一　开箱（包）检查的方法及操作 /102
　任务二　常见物品的检查方法 /109
　任务三　暂存和移交的办理程序 /118
　任务四　爆炸装置的处置程序 /121
　项目学习效果综合测试 /127

项目六　证件检查 /129
　任务一　识别乘机有效身份证件的相关知识 /130
　任务二　识别机场控制区通行证件的相关知识 /146
　任务三　证件检查的程序及方法 /153
　任务四　识别涂改、伪造、变造及冒名顶替证件的
　　　　　相关知识 /157
　任务五　在控人员的查缉与控制方法 /160
　项目学习效果综合测试 /162

项目七　人身检查 /164
　任务一　人身检查的基本知识 /165
　任务二　人身检查的操作方法 /173
　项目学习效果综合测试 /181

附录：民用航空安全检查规则 /183
参考文献 /199

项目一　民航安检

◆ **项目导读**

　　乘坐飞机出行既省时，又舒适，已成为公众出行的重要交通方式。虽然飞机的事故发生率远远低于汽车、火车等交通工具，但由于飞机本身的特殊性，一旦发生事故就可能造成极其严重的后果。因此，民航安检就成为一件必不可少的事情，民航安检既是民航空防安全保卫工作的重要组成部分，也是空防安全的第一道防线。本项目主要介绍了民航安检、民航安检工作、民航安检部门及安检人员的基础知识。

◆ **知识目标**

1. 了解民航安检的概念与性质。
2. 了解民航安检的产生与发展。
3. 了解民航安检工作的任务、原则、特点及基本程序。
4. 了解民航安检各岗位的工作职责。

◆ **技能目标**

1. 能够运用所学知识分析民航安检对我国民航发展的影响。
2. 能够在安检工作中遵循民航安检工作的原则。
3. 能够按照安检基本程序完成安检工作。
4. 能够在实际岗位中执行民航安检部门的工作职责。
5. 培养爱岗敬业、吃苦耐劳的品质和不计得失、乐于奉献的精神。
6. 提升忠诚担当的政治品格，树立团结协作的工作作风。

| 情景导入 |

捍卫空防安全——我国民航安检系统的成立

安全大于天,安全责任是民航人永恒的主题。民航运输业是复杂国际环境下的"重点保护对象",而民航安检系统是保证民航安全有效运转的重要屏障之一。

我国民航安检系统的成立可谓一波三折,自1981年4月1日起,中国民航开始对国际航班实施安全检查,后逐步扩展到所有航班。安检体制也先后经历了公安边防、武装警察和民航部门管理的过程。我国民航安检的发展由小到大、由弱到强,经受住了历史的洗礼和考验,承受住了党和人民的重托,对捍卫空防安全,保障旅客生命财产以及航空器的安全,发挥了极其重要的作用。

民航安检被誉为空防安全的守护者,民航安检是全球性通行的和国际民用航空组织(ICAO)要求强制执行的民用航空运输关键性的安全保卫措施。中国成为国际民用航空组织成员国后,根据《国际民用航空公约》及其相关附件和标准内容的要求,不断建立、完善和实施民航安检措施,对我国民航的安全与发展和广大航空旅客的生命财产安全,发挥了不可替代的突出作用,同时做出了不可磨灭的卓越贡献。

任务一 民航安检的产生与发展

一、民航安检的内涵

民航安全技术检查简称"民航安检",是指在民用机场实施的,为防止劫持、炸毁飞机和其他危害航空安全事件的发生,并且保障旅客、机组人员和飞机安全所采取的一种强制性的技术性检查手段。

二、民航安检的性质

(一)世界性的航空安全措施

民航安检是世界性的航空安全措施,全世界每个国家的每个机场的安全检查都是国际航空安全系统的组成部分。无论哪个机场出现安全问题,都不仅仅是这个国家、这个机场的内部事务，它还应承担相应的国际责任，承受国际国内舆论的双重压力。因此，不管哪个国家，要想在民用航空方面与世界各国保持正常往来，就必须做好安全检查工作。

（二）民航空防安全保卫工作的重要组成部分

随着民航事业的蓬勃发展，民航空防安全状况日趋严峻与复杂，由于空防安全事故具有突发性、不可预测性、破坏严重和影响巨大等特点，因此必须建立完备的空防安全保卫体系。

空防安全保卫体系主要包括四个系统的工作：一是平时的安全保卫系统；二是旅客登机前的安全检查系统；三是飞行中的安全保卫系统；四是发生突发事件时的紧急处置系统。其中，做好登机前的安全检查工作，不仅可以完善第一系统的不足，而且可以缓解第三、第四系统的压力。

| 知识角 |

空防的含义

民用航空运输的安全主要包括飞行安全和空防安全。"空防"从字面上理解，指的是"空中防线"，如同陆地上的"边防"，海上的"海防"。"空防"的实际含义有一个演变过程，20世纪五六十年代的空防，是指防止内部个别飞行人员驾驶飞机外逃。而后，由于国际和国内形势的变化，民用航空安全工作中空防的含义主要是防止社会上的恐怖组织和不法分子劫持、炸毁飞机，当然也包括防止犯罪分子潜机外逃。因此，总结来说空防安全是指有效地预防和制止人为的非法干扰航空器的行为，保证在使用中的航空器及所载人员的生命和财产安全，使航空器依照机长的正常意愿，在规定的时间和空间内安全、正常运行。

（三）预防劫机、炸机的重要措施

劫机、炸机是安全检查产生与发展的催化剂，安全检查是反劫机斗争的产物，同时也是反劫机的重要措施之一。当今世界范围的劫机、炸机恐怖活动有增无减，因此，安全检查工作必须日益加强。登机前的安全检查是针对乘坐民航班机的旅客及其行李物品进行公开检查，对减少或杜绝劫机、炸机事件起着关键作用，可以有效地防范劫持、炸毁民航飞机和其他危害航空安全的行为发生，从而保障国家和旅客生命财产的安全，严守安全红线。

|典型案例|

世界航空史上的劫机坠毁事件

随着飞机日益成为人们出行的主要交通工具，它也逐渐被恐怖分子和激进分子盯上，成为其实施大规模破坏活动的非常规手段。劫机，即以暴力手段来威胁控制飞机，将机上其他乘客的生命安全当作筹码来向有关组织或政府提出要求，以达到获取利益的目的，当要求得不到满足时就可能杀害人质或炸毁飞机。劫机行为性质极其恶劣、危害极大，因此已普遍被世界各国列为严重的罪行并加以制裁。

1. 1990 年中国广州白云国际机场劫机案：128 人遇难

1990 年 10 月 2 日，一架客机飞往广州白云国际机场，在飞行途中发生了劫机事件。劫机者闯入驾驶室，声称身上有爆炸物，威胁飞行员将飞机开往台湾。劫机者随后试图袭击飞行员并独自驾机未果。在油料不足的情况下，飞行员在广州白云国际机场紧急迫降，当飞机着陆滑行时，飞行员由于受到劫机者的暴力袭击，致使飞机失控脱离跑道，这架飞机最终因连撞两架飞机而起火散架。事后统计，被劫持的飞机上有 75 名乘客遇难、18 名乘客受伤，7 名机组人员遇难。被撞的两架飞机中，一架飞机上有 46 名乘客遇难，另一架飞机上有一名机组人员头部受伤。在这次事故中，共 128 人遇难。

2. 1996 年埃塞俄比亚航空劫机事件：125 人遇难

1996 年，埃塞俄比亚航空某航班从亚的斯亚贝巴起飞，驶往内罗华。飞行途中，3 名劫机犯冲进驾驶室，要求飞行员将飞机驶往澳大利亚。当时飞机上并没有足够的燃料，飞行员曾劝说劫机犯将飞机降落在一个中转站，但遭到拒绝。当飞机飞行在科摩罗群岛上空时，因燃料用尽，最终在离岸边 500 米的海中坠毁。事件导致客机上 175 名乘客中的 125 人遇难，而所有的劫机者也在事件中死亡。

3. 1977 年马来西亚劫机案：100 人遇难

1977 年 12 月 4 日，马来西亚航空某客机遭到劫持。全副武装的劫机犯要求飞行员飞往新加坡，并在驾驶舱内的争执中杀死了飞行员。然而，劫机犯并不知道该如何驾驶飞机，最终这架客机于马来西亚柔佛州的丹绒古邦坠毁，机上93名乘客和7名机组人员无一幸免。事故中飞机以近乎垂直的角度和非常高的速度撞向地面，导致机上没有一具尸体能够被辨认出来。劫持原因和随后坠毁的过程，至今仍然是个未解之谜。

面对多起严重的劫机事件，各国机场开始强化安全检查，通过实施行李检查、乘客名单提交公安部门、严禁随身携带包括指甲刀在内的任何带刃金属物品、机内餐具全部采用塑料制品等多项措施进行预防。

三、国际民航安检的产生与发展

（一）国际民航安检的产生

国际民航安检产生于20世纪70年代初，它的产生不是偶然的，而是形势的需要，是反劫机斗争的必然产物。

从20世纪60年代末期开始，国际上各种劫机、炸机事件层出不穷，劫机范围迅速扩大。1968年以前，世界范围内发生的劫机、炸机事件每年平均不超过6起，而1968年一年就发生了35起，1969年直线上升到90起，1970年88起，平均4天1起。据国际航空运输协会的不完全统计，自1969年至1979年的10年时间，在劫机事件中被扣作人质的旅客达37756人，死亡1600人，受伤1045人。

频繁发生的劫机、炸机事件，严重影响了民航的正常运输和经营，并且危及了旅客、机组人员的生命和财产安全，因此引起了国际社会的高度重视。联合国和国际民航组织多次通过决议，严厉谴责非法劫持和其他危害民航安全的行为，呼吁加强国际合作，积极采取有效措施，制止此类事件的发生。各国政府、机场和航空公司为确保民航安全，维护国家声望和航空公司的声誉，开始实行对每位乘机人员进行强制性安全检查的制度。至此，安全检查作为民航安全系统中的一项非常重要的工作应运而生。

（二）国际民航安检的发展

国际民航安检（见图1-1）的发展经历了一个由纯手工检查到仪器检查的过程。从检查的方式和手段来看，其发展大体上可分为以下四个阶段。

1. 手工检查阶段

1970年，民航安检首先在美国、日本等国的主要机场开始实施。在当时，还没有任何安检仪器，整个检查全部用手工，检查方式是采用双手触摸来对旅客实施人身检查，对旅客的行李则采用手工开箱（包）的方式进行。这种方式的缺点是耗时长、工作量大，且容易受到主观因素影响。

图1-1　国际民航组织标志

2. 手工检查到仪器检查的过渡阶段

1973年，美国率先在主要的国际机场使用仪器检查，最早的安检仪器是利用X射线进行检查，但质量不佳；次年，日本也在一些大的机场安装了检查仪器；随后，法国、瑞士、英国等国家也积极效仿，开始使用仪器配合检查。这一阶段的安全检查以手工检查和仪器检查相结合的方式进行，仪器检查只在部分先进的资本主义国家的一些繁忙的大型机场使用，至于旅客流量不大的中小型机场，大多还是依靠手工进行检查。

3. 仪器检查普及阶段

随着现代科学技术的发展，安全检查仪器的质量不断提高，促使安全检查仪器的使用逐渐普及，很快成为机场安全检查的主要方式。例如，X射线安检仪改变最明显的是反映在监视器荧光屏上的图像越来越清晰，并且具有立体感，更易于安检人员辨别行李中的各种物品。

与此同时，安全检查的组织机构也日益完善，部分国家设立了专门机构来负责民航安全检查工作。例如，美国的机场设置了"安全公司"作为专门的安检机构，日本设置了"保安事业总局"专门负责安全检查，法国、瑞士等国的安全检查则由内务部和国防部共同负责。

4. 一般仪器检查到新型多功能检查仪的过渡阶段

世界各国民航安全检查在使用X射线安检仪等仪器之初，主要是将其用于检查旅客身上及其行李物品中是否藏匿有危险物品，如枪支、子弹、匕首、炸弹等。但近年来，恐怖分子为了逃避检查，开始使用新型危险品（尤其是主要制作原材料可分开携带并在机上现场制作引爆的危险品）进行劫机、炸机活动。国际民航组织越来越重视预防炸机这个新课题，检查仪器的更新也紧跟时代的步伐。目前，国际上已成功研制出多款可探测危险品的危险液体检测仪、爆炸物检测仪、毒品检测仪等化学分析仪器，并在大部分机场投入使用。

四、我国民航安检的产生与发展

（一）我国民航安检的产生

1957 年，周恩来总理在中国民用航空局《关于重点航线通航一周年总结报告》中批示"保证安全第一，改善服务工作，争取飞行正常"。这三句话成为中国民航工作的指导方针。中国民航部门始终坚持把安全工作放在首位。

20 世纪 70 年代初期，国际上连续发生劫机事件，一些国家在机场开始使用检查仪器配合安全检查。当时，我国尚无劫持民航飞机的事件发生，但我国政府已经意识到预防劫机事件发生的重要性与紧迫性，开始提出机场安全检查的问题，并着手进行思想上和物质上的准备。

为适应我国民航事业的发展形势，1979 年 5 月，我国政府派出由公安部和民航局组成的机场安全检查设施考察团，先后赴法国、瑞士等国全面考察其机场安全检查工作。考察团回国后向国务院递交了两份考察报告，详细介绍了国外机场的安全检查设备、方法等，并提出了适合我国民航安全检查的设想与方案。1980 年 9 月，国务院批准了这两份报告，10 月，民航局在北京、上海、广州、杭州、桂林、南京、昆明、南宁、乌鲁木齐、沈阳十地召开空港检查站会议，对建立安全检查工作进行部署，从人员、物质等方面做了准备。

随着我国航空事业的蓬勃发展，国际航线不断增加，同时，与我国通航的外国航空公司也不断增多。为了适应航空事业的发展需求，我国先后加入了《东京公约》《海牙公约》《蒙特利尔公约》等。

根据我国民航安全工作的需要及我国对国际反劫机工作应承担的责任和义务，1981 年 3 月 15 日，我国以公安部的名义发布通告，为了确保国际民用航空班机的安全，决定从 1981 年 4 月 1 日起在中华人民共和国境内各民用机场，对乘坐国际航班的中外籍旅客及其携带的行李物品实行安全检查。至此，我国民航机场安全检查制度正式宣告建立。

| 知识角 |

促使我国安全检查产生的因素

1. 促使我国安全检查产生的国内因素

20世纪70年代末，我国航空运输事业发展到一定规模，国内航线已形成网络。然而，劫机事件却开始殃及国内航线，影响了国内航线的正常运营。1977～1979年，我国国内航线上先后发生几起劫机事件，虽都未让劫匪得逞，但也引起了全国的震动，对安全检查制度的建立起到了较大的推动作用。

2. 促使我国安全检查产生的国际因素

改革开放之初，我国航空事业发展迅速，国际航线不断增多，国际恐怖主义也开始渗透我国。为了让航空事业更快、更好地发展，我国先后加入了《东京公约》《海牙公约》《蒙特利尔公约》等。然而，当时我国的安全检查工作滞后，许多外国航空局纷纷对我国不进行安全检查工作提出意见。日航、法航要求我国实行严格的安全检查，以防止恐怖活动；埃塞俄比亚外交部甚至向我国驻埃塞俄比亚大使馆提出，允许埃塞俄比亚航空公司派人在北京机场检查乘坐其班机的旅客及其行李物品，以确保埃航的安全，如果我国不同意，则要求我国政府做出书面保证，一旦发生事件要承担一切后果。

国内和国际的双重因素加速了我国机场的安全检查工作的开展，促使我国安全检查工作走上了新的发展道路（见图1-2）。

图1-2　国内机场大厅

（二）我国民航安检的发展

我国民航安检的发展，从其体制变化和发展过程来看，大致可以分为三个阶段。

1. 开始阶段

1981年4～11月是我国民航安检的开始阶段。我国安全检查出现之初，只是在部分国际机场由武警边防检查部门负责对乘坐国际航班的中外籍旅客及其携带的行李物品实施安全检查。为了做好该项工作，公安部于1981年3月15日发布了关于航空安全检查的通告，同时，外交部礼宾司也照会（指国际交往的书信形式，是对外交涉和礼仪往来的一种重要手段）了各国驻华使领馆。

通告和照会规定了乘坐国际航班的中外籍旅客及其携带的行李物品必须接受仪器检查或手工检查，拒绝检查者，一律不准登机，由此引发的一切损失由其本人负责；乘机旅客不得携带武器、弹药、易燃易爆物品及其他危害飞行安全的物品，若发现携带上述物品且有劫机嫌疑的，一律移交公安机关处理。照会还规定了对来访的各国元首及高级别领导人可实行免检，同时对大使夫妇等外交人员的检查方式也做了相关规定。

这一阶段是由边防武警在重点机场对国际航班的乘客进行安全检查，安全检查工作的时间不长，涉及面不广。

2. 普及阶段

1981年11月至1992年4月是我国民航安检的普及阶段。1981年10月15日，公安部再次发布关于航空安全检查的通告："为确保民航国内班机的运输安全，决定从1981年11月1日起，在中华人民共和国境内各民用机场，对乘坐民航国内班机的中外籍旅客及其携带的行李物品实施安全技术检查。"该通告在1981年3月15日版通告的基础上增加了"严禁将武器、凶器、弹药和易燃、易爆、剧毒等物品夹在行李、货物中托运"等内容。

1983年5月8日，国务院发布了《关于加强防止劫机的安全保卫工作的命令》，由武警部队在各民用机场组建安全检查站，全面负责民航安全检查的任务。

这一阶段，我国民航安检工作全面展开，先是由民航保卫部门实施安检，后由武警部队负责实施，同时逐步建立了飞机监护制度，形成了安全检查、隔离区管理、飞机监护、旅客登机管理等较为完整的机场管理体系，空防安全措施逐步得到完善，从而使我国的安全检查工作进入了一个新阶段。

3. 加强阶段

伴随着改革开放的逐步推进，为了对航空安全工作进行统一管理，自1992年4月1日起，民航机场国内和国际航班的安全检查工作任务（含隔离区管理、飞机监护）由人民武装警察部队移交民航部门，由民航部门组建安全检查机构来负责民航安全检查工作。

1992年4月至今是我国民航安检的加强阶段。这一阶段，我国的安全检查工作跨上了一个新台阶（见图1-3）。

图1-3 旅客安检流程入口处

第一，安全检查设施设备建设得到了加强，对具备条件的机场交运检查进行了流程改造，减少了漏洞；引进了一批性能较好的安检仪器；配备了机械钟控定时引爆装置探测器和防爆器材；部分机场在安检工作现场安装了监控设备，进一步完善了对交运行李、货物及邮件的安全检查。

第二，由民航部门组建专业的安检队伍担负安全检查工作，安全检查的队伍素质和业务建设水平不断提高。随着民航运输量的不断增多，安检队伍也不断扩大，并根据工作任务的需要实现半军事化管理。在业务建设上，实行了安检人员岗位证书制度，统一制定了行业培训大纲，并在各地开展了一系列行之有效的岗位培训和考核工作，大大提高了安检队伍的整体素质。

第三，航空安全保卫法规体系日趋完善，安检队伍组织管理和业务管理逐步走上了法治化、规范化的轨道。随着《中华人民共和国民用航空法》《中华人民共和国民用航空安全保卫条例》《民用航空安全检查规则》等一系列法律、法规及规范性文件的颁布实施，以及对安检人员进行定员、定编和职业技能等级考核措施的出台，全方位地对安检工作进行了细化、量化，从而使我国安检工作变得有法可依、有章可循，使安检工作有了统一的操作规程和标准，使安检队伍、业务建设朝着规范化、科学化方向迈出了坚实的步伐。

任务二　民航安检工作

一、民航安检工作的内涵

从性质上来看，民航安检工作是民航空防安全保卫工作的重要组成部分。它由国务院民用航空主管部门授权的专业安检队伍，为保障航空安全，依照国家法律、法规对乘坐民航班机的旅客及其行李物品，以及航空货物、邮件进行公开的安全技术检查，防范劫持、爆炸民航班机和其他危害航空安全的行为，保障国家和旅客生命财产安全，具有强制性和专业技术性。

（一）检查主体是专业的安检队伍

民航安检工作是由专业的安检队伍负责执行的。不同国家的安检队伍的管理体制与组织形式也有所不同。目前，世界上主要有三种安检形式：一是由警察或宪兵（即军事警察）来承担安检工作，如瑞士的日内瓦机场就是由宪兵负责安全检查工作；二是机场雇用安全公司或保安公司来承担安检工作，如中国香港机场就是雇用安全公司负责安全检查工作；三是由民航部门负责组织专业队伍承担安检工作，如英国就是施行的这种组织形式。

（二）检查目标是发现一切可能危及航空安全的危险品、违禁品

依照相关法律、法规对乘机旅客及其行李物品实施安全检查，其目标是发现一切可能危及航空安全的枪支、弹药、爆炸装置、各类管制刀具，以及其他易燃易爆、具有腐蚀性和放射性等的危险品、违禁品，禁止这些危险品、违禁品进入民用航空器，从而保障民用航空器及其所载人员、财产的安全。在安全检查中，一旦发现这些物品，安检人员工作应区分不同情况，严格按照有关规定进行处理，将具有劫机、炸机嫌疑的人和物一并移交机场公安机关处理。

（三）检查对象是所有乘坐民航班机的旅客及物品

民航安检是由专业安检队伍在特定的环境和条件下，依照国家法律、法规授权进行的一种强制性行为。为了保障广大旅客生命财产的安全和民航运输的安全顺畅，

对于进入民用机场控制区的旅客及其行李物品、航空货物、邮件等都必须接受安全检查。拒绝接受安全检查的，不得进入民用机场控制区。

二、民航安检工作的任务与原则

（一）民航安检工作的任务

民航安检工作的任务主要有以下几点。

（1）对进入候机隔离区的人员实行安全检查，包括乘坐民用航空器的中外籍旅客、机场的工作人员、进入候机隔离区的其他人员。

（2）对进入候机隔离区的物品实行安全检查，包括旅客随身携带的行李物品、进入候机隔离区的工作人员和其他人员所携带的物品及空运货物、邮件等。

（3）对候机隔离区内的人员、物品进行安全监控。

（4）对执行飞行任务的民用航空器实施监护。

（二）民航安检工作的原则

在具体的民航安检工作中应坚持以下几点原则。

1. 安全第一，严格检查

确保安全是安全检查的宗旨与根本目的，严格检查则是实现这个目的的手段，也是对安检人员的要求。所谓严格检查，就是严密地组织勤务，严格执行各项规定，落实好各项措施，秉承对国家和乘客高度负责的精神，牢牢把好安全检查、飞行监护等重要关口，切实做到证件不符不放行，安检门报警不排除疑点不放行，X射线机图像判断不清不放行，开箱（包）检查不彻底不放行，从而确保飞机和旅客的安全。

2. 坚持制度，区别对待

国家法律、法规及有关安全检查的各项规章制度和规定是指导安全检查工作、处理各类问题的重要依据，必须认真贯彻执行，做到有法必依、有章必循。同时，还应根据特殊情况和不同对象，在不违背原则和确保安全的前提下，灵活处理各类问题。在通常情况下，对不同的旅客实施安全检查时，既要一视同仁，又要注意区别对待，明确重点，有所侧重。

3. 内紧外松，机智灵活

"内紧"指的是安检人员要有敌情意识，具有高度的警惕性和责任心、保持严谨的工作作风、执行严密的检查程序，针对突发事件有相应的应急处置措施等，使犯罪分子无缝可钻。"外松"指的是检查时要做到态度自然、沉着冷静、语言文明、讲究方法，按步骤、有秩序地进行工作。

机智灵活指的是在面对错综复杂的情况时，安检人员要具有敏锐的观察力和准确的判断力，善于分析问题，能够从受检人员的言谈举止、行装打扮和神态表情中察言观色，发现蛛丝马迹，不漏检任何可疑人员与物品。

4. 文明执勤，优质服务

机场是一个地区和国家的窗口，安全检查是机场管理及服务工作的一部分。安检人员要树立全心全意为旅客服务的意识，做到检查规范，文明礼貌；着装整洁，仪表端庄；举止大方，说话和气，语言文明，"请"字开头，"谢"字结尾；尊重不同地区、不同民族的风俗习惯。同时，要在确保安全，不影响正常工作的前提下，尽量为旅客排忧解难。对伤、残、病旅客予以优先照顾，不能伤害旅客的自尊心；对孕妇、幼童、老年旅客要尽量提供方便，给予照顾。

三、民航安检工作的特点

民航安检工作具有责任性强、政策性强、时间性强、专业性强、风险性大几个特点。

（一）责任性强

民航安检工作要求在较短的时间内完成对所有乘机旅客及其行李的检查。

一切物品等都应进行安全检查，以确保安全。一旦出现失误或发生意外事件，不但后果严重、损失巨大，还将造成巨大的社会影响。因此，民航安检工作具有较强的责任性。责任心是安检员的"必杀技"。

在安检员的成长过程中，资质和级别并不是唯一要素。取得资质是一次性的，但技能水平的保持和提高是持续性的。而且一名合格的安检员为了更好、更有效地完成安全检查任务，必须具备更综合的能力。

|知识角|

　　旅检一科带班长贾志欢从事安检工作已经10年了，贾志欢就是传说中的那种违禁品图像会自己"跳出来"的高手，但他最为大家津津乐道的是一个关于"异常行为识别"的故事。他曾经在岗位巡视中发现，一对中年旅客在待检区排队时表现有些奇怪，谈不上紧张，但也不自然，好像混杂着兴奋、不安等情绪，总让人觉得哪里不对劲儿。于是，他不动声色地提醒检查通道里的安检员对两位旅客进行仔细检查，结果在其中一位旅客的腰部、鞋子，以及另外一位旅客的发髻、大腿等处先后查出5个打火机。这份眼力让大家对贾志欢佩服不已。

　　那么，一名合格的安全检查员到底需要具备怎样的综合能力呢？在安检培训主管、从事安检工作已经20年的施正晨看来，安检员们每天都要面对千千万万的旅客、各种各样的问题、千奇百怪的违禁和危险物品，除了需要精湛的安检业务技能之外，还需要具备较强的处置、应急能力，对旅客的亲和力和沟通、服务能力，以及相关物理、化学知识和行为学、心理学知识的学习能力等。这些能力需通过经验积累和持续的培训、复训、轮训及"比武""练兵"，才能得到提高。但在她看来，这还不是最重要的，"对我们安检员来说，最重要的是责任心"。对于安检从业者来说，不断增强安全责任意识才是最大的挑战。只有在长期的工作中始终将航空安全放在心上，坚持不松懈、不麻痹，才能成为一名合格的安全检查员。

（二）政策性强

　　由于旅客的身份、地位、宗教信仰、政治立场、个人修养等不同，也对安全检查工作提出了更高的要求。安检人员在处理问题时不能带有随意性，必须以国家的法律法规和有关政策、规定作为依据来处理各个问题。在运用政策的同时，还要讲究策略，一方面要保证飞机及旅客的安全，另一方面要防范和打击敌对分子的破坏活动，使安全检查工作得到进一步加强。

（三）时间性强

　　安全检查是旅客登机前经过的最后一道关口，但由于航班集中、旅客流量大或旅客到达安检现场较晚等原因，安检时间会变得十分紧张。而安全检查工作要求始终如一地严查细验，确保安全，因此就需要安检人员有强烈的时间观念，合理安排勤务，不断提高业务素质，才能确保安检工作的高质高效和航班的安全正点。

（四）专业性强

安全检查是一项专业技术较强的工作，它不仅要求安检人员掌握各种安全检查设备的操作、维修等技能，还要求安检人员对旅客携带的各种各样的行李物品进行检查，并能准确无误地查出危险物品和违禁物品，这仅靠责任心是不够的，还需要有较强的专业技能。

（五）风险性大

随着民航事业的不断发展和安全检查工作的不断强化，劫机分子所采取的手段也越发隐蔽，他们想方设法利用各种手段伪装、藏匿危险物品，企图混过安全检查关口，而安全检查工作正是同这些隐蔽的，以旅客身份出现的图谋劫机、炸机的犯罪分子进行斗争。犯罪分子多是亡命之徒，手段狠毒、阴险狡猾，在阴谋败露之后，他们就会铤而走险、孤注一掷，对安检人员的人身安全造成威胁，因此，民航安检工作风险性较大。

四、民航安检工作的基本程序

所有安检人员（见图1-4）必须熟悉安检工作的基本程序，明确相关要求。民航安检工作的基本程序如下。

（1）值班领导在检查工作开始前，应及时了解航班动态，传达上级的有关指示和通知，并提出本班要求及注意事项。

（2）检查时，安检人员应要求旅客按秩序排好队，并准备好登机的相关证件。查验旅客的身份证件及登机凭证，检查无误后请旅客通过安检门，通过安检门后再对旅客进行手工人身检查。

（3）旅客的手提行李物品、托运行李和货物快件、邮件应通过X射线机进行检查，然后进行开箱（包）检查。

图1-4　安检人员

（4）安检人员应当进入候机隔离区对等待登机的旅客实施监管，防止其与未经安全检查的人员接触。应派专员在候机隔离区内巡视，对重点部位加强监控。

（5）各安检勤务单位必须认真记录当天的工作情况及仪器使用情况，并做好交接班工作。

五、民航安检工作的作用

安全既是民航工作的永恒主题，也是民航发展的基础。民航安检既是航空安全保卫工作中不可或缺的环节与措施，也是在地面设置的保障航空安全的稳固防线，在整个民航安全工作中占有重要地位。

（一）空防安全的第一道防线

将一切安全隐患消除在地面上，消灭在萌芽状态，是民航安检工作应当恪守的安全准则，也是确保空防安全的第一道防线。严格实施安全检查，加大检查力度，将可能危害航空安全的各种因素堵截在地面，是确保空中安全最直接、最有力的保证。

实施严格的安全检查，不仅能有效地查堵违禁危险物品，防止劫机、炸机及其他危害空防安全事故的发生，还能遏制和打击不法分子利用空中交通渠道进行不法活动，对维护社会稳定、防范和打击各种犯罪活动有着重大意义。

（二）提供优质服务的保障

安全检查工作不仅仅是地面安保措施中的重要环节，还会直接影响民航的航班正常与整体服务质量。严格、细致的安全检查，既是保障国家和旅客生命财产安全的需要，同时也可以给乘客带来安全感。安全检查与优质服务是相互联系、相互依存的。安全检查部门既是保障航空安全的职能部门，又是为旅客提供安全保证的服务部门。安检人员要在确保安全的前提下，强化服务理念，努力提升安检工作的服务意识和服务技能。总之，保证安全是对旅客最好的服务，没有安全就谈不上服务，同时优质服务也是安检工作的宗旨，要将安全工作寓于服务之中。

任务三　民航安检部门及安检员

一、民航安检部门的职能及权限

（一）民航安检部门的职能

安全检查部门既是保障航空安全的职能部门，又是为旅客提供安全保障的服务部门。民航安检部门的职能主要有安全职能和服务职能。安全职能是指预防和制止劫机、炸机的犯罪活动，保护民航班机及旅客生命财产安全的职能。服务职能包括以下两点。

（1）在保障安全的前提下，安检部门要尽力确保航班的正常，不因安检延误飞机起飞。

（2）要文明执勤，树立为旅客服务的思想，如碰到旅客有困难或遇到紧急或突发事件，应积极面对、妥善处理。

（二）民航安检部门的权限

1. 行政法规的执行权

民航安检部门是保障航空安全的服务部门，是一支专业技术团队，执行国家法律及国务院、民航局、公安部等部门为保证航空安全制定发布的相关行政法规、规章和制度等规范性文件。所以，安全检查带有行政执法的性质。

2. 检查权

民航安检部门的检查权包括以下几个方面。

（1）对乘机旅客身份证件的查验权：通过对旅客身份证件的核查，防止旅客用假身份证件或冒用他人身份证件乘机，以便发现和查控通缉犯。

（2）对乘机旅客的人身检查权，包括使用仪器和手工检查。

（3）对乘机旅客行李物品的检查权，包括使用仪器和手工开箱（包）检查。

（4）对货物、邮件的检查权。

（5）对进入候机隔离区的其他人员证件的查验权、人身检查权和物品检查权。

3. 拒绝登机权

（1）在安全检查中，当发现有故意隐匿枪支、弹药、管制刀具、易燃、易爆等可能用于劫机、炸机的违禁品及危险品的旅客时，安检部门有权不让其登机，并将人与物一并移交机场公安机关审查处理。

（2）在安全检查过程中，对手续不符合、拒绝接受检查的旅客，以及有其他可能危害航空安全行为的旅客，安检部门有权拒绝其登机。

| 典型案例 |

携带"管制刀具"乘机被查旅客拒不认错

厦门高崎国际机场T4安检员小王正在东区安检K通道对某航班的旅客进行随身行李检查，此时正值T4航站楼早班旅客安检的最高峰时期。

突然，X射线机上一行李在过机时呈现出类似刀具的斜面轮廓图像，小王立即有所警觉地控制住该行李，并将行李换角度再次过机检查。令小王意想不到的是，再次过机的图像显示：就在那把类似刀具图像的旁边居然有一把更大、形状更为隐蔽的圆筒式的管制刀具。小王立即控制住该行李及行李主人，并通知开包员叫来现场值班领导，进一步对该旅客人身及随身行李进行重点检查。检查后没有发现其他异样，随后值班领导将该名男子与管制刀具（经量刃长25厘米）一起移交给机场公安人员处理。经公安人员进一步询问，该旅客丝毫没有意识到自己携带管制刀具乘机这一行为已经违法，还一直与民警争辩自己只是觉得好玩，带在身上防身用。最终，该名旅客不仅被取消登机资格，他还将面临五天的刑事拘留。

4. 候机隔离区监护权

（1）候机隔离区没有持续实施管制的，在使用前，安检部门应当对候机隔离区（见图1-5）进行清查。

（2）安检部门应当派专员在候机隔离区内巡视，并对重点部位加强监控。

（3）经过安全检查的旅客应当在候机隔离区内等待登机。如遇航班延误或其他特殊原因离开候机隔离区的，再次进入时应当重新经过安全检查。

（4）候机隔离区内的商店不得出售可能危害航空安全的商品。商店运进的商品应当经过安全检查，同时接受安检部门的安全监督。

5. 航空器监护权

（1）对出港、过港航空器实施监护。

（2）应机长请求，经机场公安机关或安检部门批准，安检人员可以进入机舱内进行清舱。

图1-5　隔离区停机坪

二、民航安检部门各岗位的工作职责

民航安全检查岗位主要依据《民用航空安全检查人员定员定额》（LD/T 74.10—2002）要求设置，对于安全检查岗位及职责，主要包括以下几个方面。

（一）待检区维序岗位

待检区维序岗位的安检人员主要负责维持旅客安全检查待检区的公共秩序，旅客安检问题的答疑，加强巡视、注意发现可疑行李物品及可疑人员。

（1）协助验证人员维持好秩序。

（2）引导旅客进行有效分流。

（3）做好导检服务。

（4）观察待检区人员动态，注意发现可疑人员及可疑行李物品。

（5）协助运输部门做好超大手提行李的管控。

（二）验证检查岗位

验证检查岗位（见图1-6）的安检人员主要负责核查旅客的有效身份证件、客票、登机牌，识别涂改、伪造、冒名顶替及其他无效登机证件，协助执法部门查控公安机关的布控人员。

（1）维持通道口秩序，严格控制验放速度，保持安检通道畅通。

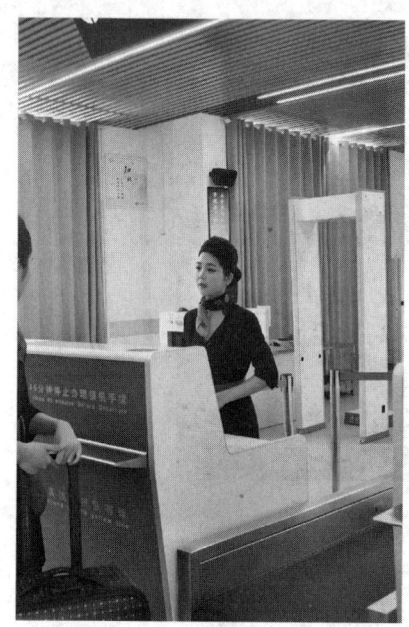

图1-6 验证检查岗位

（2）查验旅客证件，核对其相貌与乘机有效证件的相片是否相符。

（3）将旅客信息录入信息管理系统，并核对有效乘机证件姓名是否与登机牌或系统显示的姓名一致。

（4）检查无误后在登机牌上加盖验讫章，严禁涂改、伪造、冒名顶替或登记手续不全的旅客进入隔离区。

（5）注意观察旅客的动态，发现可疑对象时，要及时将重点检查的信息使用暗语手势通知到前传岗位。

（6）发现布控人员时按预定处置方案处置，防止嫌疑人逃走。

（三）前传岗位

前传岗位的安检人员主要负责核查旅客登机牌是否加盖验讫章，协助旅客在X射线机传送带上正确摆放受检行李物品，告知旅客将随身携带的各类含金属的物品放在托盘内并进行检查，引导旅客有序地通过安检门。

（1）查验旅客登机牌是否加盖验讫章。

（2）引导和协助旅客将要检查的行李物品正确地摆放在X射线机传送带上。

（3）告知旅客将身上的物品掏出并放入托盘内，然后将托盘放在X射线机传送带上接受检查。

（4）引导旅客有序地通过安检门，控制好旅客通过安检门的速度，配合好人身检查员。

（5）根据验证员的示意，通知人身检查员和X射线机检查员需要重点检查的行李物品和人员。

（6）发现问题及时报告值班领导。

（四）人身检查岗位

人身检查岗位的安检人员主要负责密切注意安检门的报警情况，对通过安检门的旅客人身进行仪器和手工检查，准确识别并根据有关规定正确处理查出的违禁物品，防止漏检、错检。

（1）密切注意安检门的报警情况，防止漏检或错判，同时使用规范动作和文明用语对经过安检门后的旅客进行手工或仪器检查。

（2）对经过安检门检查时存在可疑的旅客或前传检查员告知需要重点检查的旅客进行严格检查。

（3）对查出的违禁物品和限制物品及时移交值班领导处理。

（4）提醒旅客拿走自己放在托盘内的物品和随身携带的行李物品。

| 典型案例 |

锡林浩特机场启用自行设计的新型人身检查台

2018年5月，锡林浩特机场正式安装启用自行设计的新型人身检查台，使安检通道内的整体布局趋向合理，实现旅客服务质量与安全技术检查标准的双提高。

此次启用的新型人身检查台，以课桌为设计原型，采用半封闭、空心设计，人身检查员可将手持金属探测仪深入检查台内，对旅客脚底进行隔离探测。由于原料选用质地坚硬、厚度仅为1.5厘米的大理石面板，在保证新型检查台坚固耐用的同时，也将手持金属探测仪到旅客脚底的距离控制在有效范围内，使脚底检查准确有效，既避免了旅客在接受脚底检查时单腿站立不便的问题，也保证了手持金属探测仪的洁净度，满足了旅客对于卫生的需要。

另外，新型人身检查台具备可移动的特点，安检人员可根据实际工作需要，对检查台的位置进行调整，同时利用检查台的自有重量和底面的防滑设计，加大了与地面的摩擦系数，增强了检查台的稳固性，大大降低了旅客登台接受检查时滑倒的可能性。

（五）开箱（包）检查岗位

开箱（包）检查岗位（见图1-7）的安检人员主要负责对旅客行李实施手工开箱（包）检查，准确辨认和按照有关规定正确处理违禁物品及危险品；根据X射线机操作员指示的位置，准确地排除疑点。

（1）负责根据X射线机操作员指示的位置，对旅客的行李实施手工开箱（包）检查。

（2）认真检查箱（包）内X射线机操作员指示的位置的每件物品，直到疑点排除；及时将检查结果反馈给X射线机操作员。

（3）对液态、胶状及粉末状物品进行重点检查，辨别不清的可借助液态物品检查仪及炸药、毒品探测仪进行测试。

（4）检查出的违禁物品和限制物品及时移交值班领导处理，同时负责把需要办理暂存物品的旅客移交给内勤。

（5）检查完毕后，协助旅客复原行李物品，并提醒旅客提取所有行李物品。

（6）疏导已检查完毕的旅客尽快离开安检现场进入隔离区，维护好现场秩序。

图1-7 开箱（包）检查岗位

（六）X射线机操作岗位

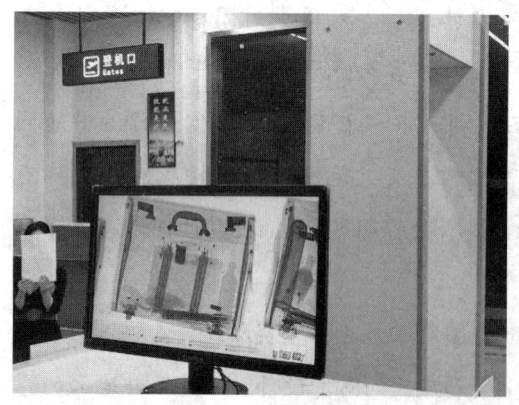

图1-8 X射线机操作岗位

X射线机操作岗位（见图1-8）的安检人员主要负责对进入隔离区的行李物品进行检查，通过X射线图像准确鉴别违禁物品，禁止危害航空安全的物品进入隔离区或被带上航空器，防止漏检、错检情况发生。

（1）负责对进入候机隔离区的所有行李物品进行安全检查，禁止危害航空安全的物品进入隔离区或被带上航空器。

（2）严格按照操作规程正确使用X射线机，并了解和掌握X射线机的一般工作原理、性能以及常见故障的排除方法等，同时注意仪器设备的维护保养。

（3）认真观察和鉴别监视器上受检行李图像中的物品形状、种类，发现、辨认违禁物品或可疑图像；将需要开箱（包）检查的行李及重点检查部位准确无误地通知到开箱（包）检查员，及时了解可疑物品的性质，并根据实际情况做出相应处理。

（4）发现安检设备异常情况，及时报告值班领导。

（七）民用航空器监护岗位

民用航空器监护岗位的安检人员主要负责民用航空器在客机坪短暂停留期间的监护，严格检查登机工作人员的通行证件并查验其物品，维护登机旅客的秩序，记载飞机号与起飞时间，办理航空器监护任务的交接手续。

（1）根据航班动态，按时进入监护岗位，做好民用航空器监护的准备工作。

（2）严格检查登机工作人员的通行证件，并查验其携带的物品是否经过安全检查，未经安全检查的，不得带上民用航空器。

（3）密切注意航空器周围动态，防止无关人员和车辆进入监护区。

（4）旅客登机时，监护人员应站立于登机门或登机通道旁，维护登机旅客的秩序，严禁旅客在登机行进期间与外界人员接触或传递危害航空安全的危险品。

（5）检查旅客登机牌是否加盖验讫章，防止送行、无证等人员进入客机坪、接近或登上航空器。

（6）在出港、过港民用航空器关闭舱门准备滑行时，监护人员应退至安全线以外，记录下飞机号和起飞时间后，方可撤离现场。

（7）接受和移交航空器监护任务时，应当与机务人员办理交接手续，填写记录单并双方签字。

三、民航安检员的能力要求

根据国家职业资格考试大纲中对五个级别的安检员（五级民航安全检查员、四级民航安全检查员、三级民航安全检查员、二级民航安全检查员、一级民航安全检查员）

应具备的能力要求，结合所学专业课程，总结出民航安检员需要掌握的基本知识和专业技能，包括职业道德基本知识、服务礼仪知识、安全技术检查工作的基础知识、物品检查知识、证件检查知识、旅客人身检查知识、开箱（包）检查知识、航空运输基础知识、机场运行安保知识、联检部门工作常识、劳动保护知识、英语知识等。

其中，职业道德基本知识、服务礼仪知识、安全技术检查工作的基础知识、物品检查知识、证件检查知识、旅客人身检查知识、开箱（包）检查知识等在本书中都有详细介绍，而航空运输基础知识、机场运行安保知识、联检部门工作常识、劳动保护知识、英语知识等需要同学们结合所学专业课程自行补充。

| 知识角 |

航空运输基础知识：安检人员服务于民航，应对民航运输设备、航线时间安排、航空公司概况、客货运流程等知识熟练掌握。

机场运行安保知识：出于安全考虑，机场内部会划分出若干安全保卫区域（见图1-9），必要情况下应对该区域实施通行限制或封闭等必要措施，这就需要安检人员熟悉机场的基本情况、管制区域及相关设施、隔离区的安全监控程序和航空港内航空器的管理。

联检部门工作常识：航空港安全检查人员在日常工作中经常需要与内部或外部之间多部门协作、配合，在与公安边防、卫生防疫等职能部门协同合作中，应秉承双方工作标准条例严格执行规范操作，共同维护航空港的安全。

图1-9 停机坪

劳动保护知识：安检员在维护航空港安全的同时，也应保护好自身及财产安全，如安全技术设备的X光射线的自我防护、危险品的防护等，在自身身心利益受到侵害时，也应果断拿起法律武器维护权利，安检人员应详细了解劳动法和劳动者的权利义务，在依法安检的同时确保自身和他人的安全和权益。

英语知识：安检人员是航空港的基层服务人员，除完成安全检查工作之外，在航空港内遇到的任何紧急或突发事件，作为一名合格的安全检查员都应积极面对、妥善处理。航空港是公共开放场所，也是一些外事活动的开展地，过硬的英语理解和表达能力是每个安检人员必备的技能，五级安检人员应熟练掌握包括登机手续办理、航班延误、安检流程、行李货物检查等方面的英语知识，还要具备基本口语表达能力，以便更好地为往来旅客服务。

典型案例

新人入门不容易

无论是大学生还是退伍老兵，只要加入了机场安检的队伍，首先面临的就是入职培训关。1个月前，刚刚来到南京禄口国际机场的衡思铭就是一名安检新人。尽管是职场新人，但衡思铭深知，能够进入机场安检这样听上去就很炫的部门工作，严格的培训肯定少不了。对此，他有着充足的思想准备。"先来看看我们这张课程表：航空安全保卫法律法规，保安知识，安检专业基础知识，岗位管理规定和规章制度，职业道德规范，语言、着装、行为、礼仪规范，旅客服务规范，军训，反恐器械操作……"衡思铭说，"这的确和当初想象的差不多"。随后，衡思铭又发现，事情和自己预想的差距好像有点儿大。"现在只是岗前培训，要真正上岗还要经过专门的考试。"很快，接下来的培训让衡思铭找到了答案：民航安检从业人员上岗前必须接受不少于60学时的岗前培训，但这只是开始。仅通过岗前培训的员工还不算是合格的安检员，不能独立上岗。民航相关法规规定，民航安全检查员工种实行先培训、后上岗的就业资格准入制度，安检人员必须通过全国统一的民航安检员职业技能鉴定考试，凭相应的职业资格等级证书才可以上岗独立进行相应岗位的操作。

接下来，衡思铭还要面对一段持续且相当漫长的学习过程，通过参加职业技能鉴定考试才能获得职业资质。

| 项目实训 |

安全检查之我见

实施步骤：

步骤一：老师利用多媒体设施播放劫机、炸机事件的相关视频，引导学生思考民航安全检查的重要性。

步骤二：老师将学生分成若干个小组。

步骤三：学生分组讨论，谈一谈自己对安全检查工作的理解。

步骤四：讨论结束后，每组选派一位代表，上台谈一谈"民航安全检查的重要性"。

项目评价：

请根据表1-1对上述任务实施的结果进行评价。

表1-1 任务实施检测

评价内容	分值	评分	备注
熟知民航安检工作的性质及任务	30		
能够准确描述民航安检工作的作用	30		
掌握民航安检工作的特点	30		
学生讨论积极，气氛热烈	10		

项目学习效果综合测试

一、单项选择题

1. （　　）是民航工作永恒的主题。
   A. 安全　　　　B. 环保　　　　C. 尊重乘客　　　　D. 礼貌

2. 下列选项中，不属于民航安检特点的是（　　）。
   A. 责任性强　　B. 专业性强　　C. 安全性强　　　　D. 时间性强

3. 安检人员对乘机旅客的身份证件进行查验，这是安检部门在行使（　　）。
   A. 拒绝登机权　　　　　　　　B. 检查权

C. 候机隔离区监护权　　　　　　D. 航空器监护权

4. （　　）岗位的工作人员负责维持旅客安全检查待检区的公共秩序，旅客安检问题的答疑，加强巡视、注意发现可疑行李物品及可疑人员。

A. 验证检查　　　　　　　　　　B. 人身检查
C. 前传　　　　　　　　　　　　D. 待检区维序

二、填空题

1. ＿＿＿＿＿是指在民用机场实施的，为防止劫机、炸机和其他危害航空安全事件的发生，并且保障旅客、机组人员和飞机安全所采取的一种强制性的技术性检查。

2. 安全检查的对象是所有乘坐民航班机的旅客及其＿＿＿＿＿和航空货物、邮件。

3. 民航安检的一种＿＿＿＿＿性行为。

4. 在安全技术检查过程中，对手续不符合且拒绝接受检查的人员，安检部门有权＿＿＿＿＿。

5. 国际民航安全检查的发展经历了一个由纯手工检查到＿＿＿＿＿的过程。

三、简答题

1. 民航安检工作的任务是什么？
2. 民航安检工作的原则是什么？
3. 民航安检工作的特点有哪些？
4. 简述民航安检工作的基本程序。
5. 简述民航安检部门各岗位的工作职责。

项目二　航空安全保卫的法律法规

◆ 项目导读

多年来，国家立法机关、国务院、民航局等有关部门制定了一系列保证民航航空安全保卫工作顺利实施的法律法规，这些法律武器既是保障民航安全的重要手段，又是安检人员实施安全检查的法律依据。本项目主要讲解航空安全保卫的相关国际组织，介绍有关航空安全保卫的国际公约，概述了《中华人民共和国民用航空法》《中华人民共和国民用航空安全保卫条例》《民用航空安全检查规则》的相关内容。

◆ 知识目标

1. 了解国际民用航空组织及其宗旨、主要工作。
2. 了解国际航空运输协会及其宗旨、基本职能。
3. 了解航空安全保卫的相关国际公约产生的历史背景。
4. 了解航空安全保卫的相关国际公约签订的目的。
5. 了解《中华人民共和国民用航空法》的相关知识。
6. 了解《中华人民共和国民用航空安全保卫条例》的相关知识。
7. 了解《民用航空安全检查规则》的相关知识。

◆ 技能目标

1. 熟知航空安全保卫的相关国际公约的主要内容，并能在民航安检工作中遵循相关公约。
2. 熟知并能在实际安检工作中严格遵守《中华人民共和国民用航空法》关于安全检查的相关规定。
3. 熟知并能在实际安检工作中严格遵守《中华人民共和国民用航空安全保卫条例》关于安全检查的相关规定。

4. 熟知并能在实际安检工作中严格遵守《民用航空安全检查规则》的相关规定。

| 情景导入 |

迷信导航，大学生翻越机场隔离区围界接同学

2016年1月3日19时许，杭州机场公安局接到报警称：有无关人员翻越南跑道围界进入机场控制区。该局场区派出所值班民警迅速出警到达现场，此时擅闯机场隔离区人员已被机场工作人员控制，随后民警将当事人带回派出所做进一步调查。

经查，当事人桑某，男，山西太原人，19岁，现为杭州某大学电子科技类专业的大一学生。桑某于当日17时许，通过手机导航软件，从所在的大学出发，乘坐公交车到达机场附近的萧山区瓜沥镇三岔路村，准备到杭州萧山国际机场接乘飞机来杭的两名小学同学。

桑某在手机导航指示下走偏迷路，到达了机场围界，以为再往里走能到达候机楼，于是翻越围界进入机场隔离区内，所幸被机场工作人员及时发现和控制。

经核实，桑某确系来杭州机场接其从太原来杭的两名同学，因急于到达候机楼擅自闯入机场控制区。鉴于桑某擅自闯入杭州萧山国际机场隔离区，对机场正常运行造成了一定影响，扰乱了机场秩序，机场公安局依法对其作出行政拘留10日的处罚。

机场警方提醒，《中华人民共和国民用航空安全保卫条例》明确规定：禁止攀（钻）越、损毁机场防护围栏及其他安全防护设施，违者将追究法律责任。同时，请广大旅客朋友不要迷信手机导航软件，对机场路况不熟悉的，可通过咨询机场服务热线等途径了解。

任务一　航空安全保卫的相关国际组织

一、国际民用航空组织

国际民用航空组织（International Civil Aviation Organization，ICAO），见图2-1）是联合国负责处理国际民航事务的专门机构，也是《芝加哥公约》的产物。它是研

ICAO

图 2-1　国际民航组织缩写

究国际民用航空问题，制定各种民航技术标准和航行规则的国际组织，其总部设立在加拿大魁北克省的蒙特利尔市。

为了解决民用航空发展中的国际航空运输业务权等国际性问题，1944 年 11 月 1 日至 12 月 7 日，52 个国家在美国芝加哥举行了国际民用航空会议，签订了《国际民用航空公约》（通称《芝加哥公约》），并按照公约规定成立了临时国际民航组织（PICAO）。1947 年 4 月 4 日，《芝加哥公约》正式生效，国际民用航空组织也因此正式成立。同年 5 月 13 日，该组织正式成为联合国的一个专门机构，简称"国际民航组织"。

国际民航组织的宗旨在于发展国际航行的原则和技术，并促进国际航空运输的规划和发展，以便实现下列各项目标：

- 确保全世界国际民用航空安全、有序地发展；
- 鼓励为和平用途的航空器的设计和操作技术；
- 鼓励发展国际民用航空应用的航路、机场和航行设施；
- 满足世界人民对安全、正常、有效和经济的航空运输的需要；
- 防止因不合理的竞争而造成经济上的浪费；
- 保证各缔约国的权利充分受到尊重，每个缔约国均有经营国际空运企业的公平机会；
- 避免各缔约国之间的差别待遇；
- 促进国际航行的飞行安全；
- 普遍促进国际民用航空在各方面的发展。

以上九条目标共涉及国际航行和国际航空运输两个方面问题：前者为技术问题，主要是安全；后者为经济和法律问题，主要是公平合理、尊重主权。两者的共同目的是保证国际民航安全、正常、有效、有序地发展。

国际民航组织为贯彻其宗旨，实现各项目标，制定并统一了国际民航技术标准和国际航行规则；协调世界各国国际航空运输的方针政策，推动多边航空协定的制定，简化联运手续，汇编各种民航业务统计，制定航路导航设施和机场设施服务收费原则；研究国际航空公法和影响国际民航私法中的问题；向发展中国家提供民航技术援助；组织联营公海上或主权未定地区的导航设施与服务；出版月刊《国际民航组织公报》及其他一些民航技术经济和法律文件。

国际民航组织的主要工作是：制定国际航空和安全标准，收集、审查、发布航空情报，作为法庭解决成员国之间与国际民用航空有关的任何争端的仲裁机构，防止不合理竞争造成经济浪费、确保飞行安全等。

| 知识角 |

国际民航组织机构

国际民航组织由大会、理事会和秘书处三级框架组成。大会是国际民航组织的最高权力机构，由全体成员国组成。大会由理事会召集，一般情况下每三年举行一次，遇有特别情况时或经 1/5 以上成员国向秘书长提出要求，可以召开特别会议。

1. 大会

大会的主要职能为：选举理事会成员国，审查理事会各项报告，提出未来三年的工作计划，表决年度财政预算，授权理事会必要的权力以履行职责，并可随时撤回或改变这种权力，审议关于修改《芝加哥公约》的提案，审议提交大会的其他提案，执行与国际组织签订的协议，处理其他事项等。

2. 理事会

理事会是向大会负责的常设机构，由大会选出的 33 个缔约国组成。理事国分为三类：第一类是在航空运输领域居特别重要地位的成员国；第二类是对国际航空运输的发展有突出贡献的成员国；第三类是区域代表成员国。

理事会的主要职责包括：向大会提交年度报告；按照大会决定的方向工作；履行《国际民用航空公约》授予的职责和义务；管理国际民航组织的财务；任命并定义航空运输委员会、联营导航委员会、财务委员会、非法干扰委员会、技术合作委员会和人力资源委员会的职责；任命航行委员会成员并选举爱德华奖委员会成员；任命秘书长。

3. 秘书处

秘书处是国际民航组织的常设行政机构，由秘书长负责保证国际民航组织各项工作的顺利进行，秘书长由理事会任命。秘书处下设航行局、航空运输局、法律局、技术合作局、行政局五个局及财务处、外事处，此外秘书处有一个地区事务处和七个地区办事处，分别设在曼谷、开罗、达喀尔、利马、墨西哥城、内罗华和巴黎。地区办事处直接由秘书长领导，主要任务是建立和帮助缔约各国实行国际民航组织制定的国际标准、建设措施及地区规划。

我国是国际民航组织的创始国之一，于1944年签署了《国际民用航空公约》，并于1946年正式成为会员国。1971年，国际民航组织通过决议，承认中华人民共和国政府为中国唯一合法代表。1974年，我国承认《国际民用航空公约》并参加国际民航组织的活动。同年，我国当选为二类理事国。2004年，在国际民航组织第35届大会上，我国当选为一类理事国。蒙特利尔市设有中国常驻国际民航组织理事会代表处。2013年9月28日，中国在蒙特利尔市召开的国际民航组织第38届大会上再次当选为一类理事国，这是自2004年以来，中国第四次连任一类理事国。

二、国际航空运输协会

国际航空运输协会（International Air Transport Association，IATA），简称"国际航协"，是一个由世界各国航空公司自愿联合组织的非政府性的国际组织。其前身是1919年在荷兰海牙成立并在"二战"时解体的国际航空业务协会，总部设在加拿大的蒙特利尔市，执行机构设在日内瓦。与监管航空安全和航行规则的国际民航组织相比，国际航协更像一个由承运人（航空公司）组成的国际协调组织，管理在民航运输中出现的诸如票价、危险品运输等问题，主要作用是通过航空运输企业来协调和沟通政府间的政策，并解决实际运作的问题。国际航协的宗旨是维护世界人民的利益，促进安全、正常而经济的航空运输的发展，为直接或间接从事国际航空运输工作的各空运企业提供合作的途径，加强与国际民航组织及其他国际组织的通力合作。国际航协的主要工作有以下几个方面。

（一）运价协调

国际航协通过召开运输会议确定运价，并确立了通过双边航空运输协定经营国际航空运输业务的框架。在此框架内，由哪一家航空公司经营哪一条航线，以及运量的大小，由各国政府通过谈判来确定。同时，在旅客票价和货物运费方面也采用一致的标准，而这个标准的运价规则由国际航协制订。

（二）运输服务

运输服务主要包括旅客、货运、机场服务三个方面，也包括多边联运协议。国际航协在客票、货运单和其他有关凭证，以及对旅客、行李和货物的管理方面制定了一整套完整的标准与措施，并建立了统一的程序。

（三）代理人事务

国际航协制定了代理标准协议，为航空公司与代理人之间的关系设置了模式。协会通过举行一系列培训代理人的课程，为航空销售业打造合格人员。此外，随着自动化技术的应用与发展，协会还制定了适用于客、货销售的航空公司与代理人结算的"开账与结算系统"和"货运账目结算系统"。

（四）法律工作

国际航协为保障航空运输业的平稳运作制定了相关的行业文件和程序标准；为协会会员提供民用航空法律方面的咨询和诉讼服务；在国际航空立法中，表达航空运输承运人的观点。

（五）技术合作

国际航协为协会会员搭建技术合作与交流的平台，与优秀的科技公司合作，引入先进技术，不断提升航空运输业的发展水平，技术领域主要包括航空电子和电信、工程环境、机场、航行、医学、简化手续及航空保安等方面。

| 新闻台 |

国际航协宣布全新机票支付方式"IATA Pay"首测成功

2019年1月14日，国际航空运输协会（以下简称"国际航协"）宣布首笔"IATA Pay"机票支付交易测试成功，此项测试与英国金融科技公司ipagoo共同合作完成。

IATA Pay作为一项行业支持计划，旨在为直接从航空公司官网购买机票的旅客提供全新支付方式。该计划以欧盟委员会第二版《支付服务指令》（PSD2）和英国开放银行条例为基础，鼓励旅客使用直接借记交易，即旅客通过个人银行账户直接向商家银行账户付款。对于用户和收款人而言，这种方式十分安全，并可实现即时付款。

国际航协希望开发一个行业解决方案，使航空公司能在其网站内提供该支付选项。与ipagoo合作开展的现场测试是在英国开放银行条例框架的指导下进行的，参与IATA Pay试点的航空公司包括国泰航空、北欧航空和阿联酋航空。

对于航空公司而言，IATA Pay的优势包括：支付方式比其他方案更加实惠，高度安全，通过即时/近乎即时的支付，现金可更快捷地流入商家账户，付款流程更简单，可减少顾客流失。而对于消费者而言，其优势是能够选择一种高度安全的、全新的、便捷的付款方式。

国际航协财务和分销服务高级副总裁Aleksander Popovich先生表示："今天的消费者对包括移动支付和点对点支付在内的多种支付方式充满期待，由此IATA Pay应运而生。同时，航空公司正竭力维持高昂的信用卡支付成本——每年高达80亿美元且仍在不断上涨，该成本绝大部分源自在航空公司官网直接进行的支付行为。国际航协的战略目标之一是为航空公司财务可持续性提供支持，包括成本控制。"

ipagoo首席执行官Carlos Sanchez先生表示："我们很高兴能为航空业完成首笔现场开放银行业务，并帮助国际航协及其成员航空公司实现运营和财务效率目标。ipagoo的技术可为国际航协提供安全的多国银行服务。我们走在金融行业发展和创新的最前沿，努力帮助企业及其客户充分利用开放式银行提供的契机。"

目前，国际航协还针对欧洲市场（不包括英国）与德意志银行合作开发蓝本。预计将于2019年年初，率先在德国市场进行测试。此后，国际航协还将验证该理念的可行性并逐步推广至其他地区。

1993年8月，中国国际航空公司、中国东方航空公司和中国南方航空公司正式加入国际航协组织。1994年4月15日，该协会在北京设立了中国代理人事务办事处。1995年7月21日，中国国际旅行社总社也正式加入该组织，成为该协会在中国大陆的首家代理人会员。

| 知识角 |

国际航协组织机构

国际航协组织机构由全体会议、执行委员会、专门委员会和分支机构组成。

1. 全体会议

全体会议是国际航空运输协会的最高权力机构，每年举行一次会议，经执行委员会召集，也可随时召开特别会议。在全体会议上，审议的问题仅限于涉及国际航空运输协会本身的重大问题，如选举协会的主席和执行委员会委员、成立有关的委员会及审议本组织的财政问题等。

2. 执行委员会

执行委员会是全体会议的代表机构，对外全权代表国际航空运输协会。执行委员会的职责包括管理协会的财产、设置分支机构、制定协会的政策等。执行委员会的理事长是协会的最高行政和执行官员，在执行委员会的监督和授权下行使职责并对执行委员会负责。执行委员会下设秘书长、专门委员会和内部办事机构，维持协会的日常工作。

3. 专门委员会

国际航协的专门委员会分为运输、财务、法律和技术委员会。各委员会由专家、区域代表及其他人员组成并报执行委员会和大会批准。

4. 分支机构

1945年4月16日，国际航协在古巴哈瓦那成立，协会总部设在加拿大魁北克省的蒙特利尔市，总办事处设在加拿大的蒙特利尔和瑞士的日内瓦，在纽约、巴黎、新加坡、曼谷、内罗毕、北京设有分支机构，在瑞士的日内瓦设有清算所。

任务二　航空安全保卫的相关国际公约

为了促进国际民用航空安全、有序地发展，保障国际航行的飞行安全，并使国际航空运输业务在机会均等的基础上健康、经济地经营，国际民航组织先后多次组织会议，制定了《国际民用航空公约》及其附件、《东京公约》《海牙公约》《蒙特利尔公约》《蒙特利尔公约补充议定书》等多个国际公约。

这些公约在形式上相互独立，在内容上相互补充，已经成为打击危害民用航空安全的犯罪行为有力的法律武器，并得到了国际社会的公认，被各成员国采纳接受。

一、《国际民用航空公约》及其附件

国际民用航空组织于1944年12月7日通过《国际民用航空公约》，因其在美国城市芝加哥签订，故又被称为《芝加哥公约》。该公约是有关国际民用航空最重要的现行国际公约，也是国际民用航空活动的宪章性文件。

《国际民用航空公约》附件，又称"国际标准和建议措施"，它是国际民航组织在《国际民用航空公约》的基础上制定的、对民航领域各个活动具有约束力的技术文件。根据民航形势和技术的发展，国际民航组织会逐年讨论、修改和完善这些文件。目前，国际民航组织已经制定了18个附件。

1974年3月22日，国际民航组织理事会通过了关于保安的标准和建议措施，并被指定为附件17，即《航空安保》。该附件为国际民航组织民用航空保安方案和寻求防止对民用航空及其设施进行非法干扰行为奠定了基础。

附件17规定：在防止对国际民用航空非法干扰行为的一切有关事务中，确保旅客、机组、地面人员和一般公众的安全是每个缔约国的首要目的。

附件17中的条款是按照国际标准提出的建议和措施，对我国机场、航空公司的保安和安全检查工作有着重要的指导意义。我国各机场当局和航空公司根据其标准和建议及我国政府有关航空安全的法规、指令、规章，制定出适合本机场和公司的航空安全保卫规划。

| 知识角 |

《国际民用航空公约》及其附件

1944年，芝加哥会议上制定的《国际民用航空公约》（又称《芝加哥公约》）是国际民航界公认的"宪章"，是现行航空法的基本文件。它规定了民用航空的范围、实行措施和国际民用航空组织等基本内容。

国际民用航空组织通过制定公约附件对民航领域的各个方面形成具有约束力的技术文件。附件为国际民航提供了统一的规则基础，对促进国际民用航空事业发展和保证国际航空安全起着极为重要的作用。目前，国际民航组织已经制定了以下18个附件。

（1）人员执照的颁发。

（2）空中规则。

（3）国际空中航行气象服务。

（4）航图。

（5）空中和地面运行中所使用的计量单位。

（6）航空器运行。

（7）航空器国籍和登记标志。

（8）航空器的适航性。

（9）简化手续。

（10）航空电信。

（11）空中交通服务。

（12）搜寻救援。

（13）航空器事故和事故征候调查。

（14）机场。

（15）航行情报服务。

（16）环境保护。

（17）航空安保。

（18）危险物品的安全航空运输。

二、《东京公约》

《东京公约》，又被称为《关于在航空器内的犯罪和其他某些行为的公约》。

（一）《东京公约》产生的历史背景

1947～1957年，国际上发生劫机事件20多起。进入20世纪60年代后，劫机次数逐渐增加，1960年，仅发生在古巴和美国之间的劫机事件就多达23起。同时，在飞机上的其他犯罪案件也层出不穷。鉴于这种情况，国际民航组织于1963年9月14日在东京的国际航空法会议上签订了《东京公约》，同年12月4日生效，目前已有100多个国家参加这个公约。中国于1978年11月14日交存加入书，1979年2月12日该公约对中国生效。

（二）签订《东京公约》的目的

签订《东京公约》的目的，是统一国际飞行中在飞机上发生劫持等非法暴力行为的处理原则。为此，公约对航空器内的犯罪行动，包括对航空器内违反刑法的罪行，以及危害航空器及其所载人员或财产的安全、危害良好秩序和纪律行为的管辖问题进行了规定。

（三）《东京公约》的主要内容

《东京公约》的主要内容有以下几条。

（1）规定了航空器登记国有权管辖飞机上的犯罪行为，也规定了非登记国有权阻止飞机飞行或降落的几种情况。

（2）规定了机长有权对在航空器上的犯罪者采取措施，包括必要的强制性措施；在为保护飞机上生命财产安全的情况下，有命令犯罪者在飞机降落地离开飞机的权利；对航空器上发生的严重犯罪，机长有将犯罪者送交当地合法当局的权利。

（3）规定了接受犯罪者的国家当局可以根据案情，将犯罪者留在国境内以便进行审讯或引渡，并通知各有关国家。

（4）规定了各国应采取一切措施，使被劫飞机恢复由其合法机长控制，被劫持的飞机降落地的国家应允许旅客和机组尽快继续飞行。

| 新闻台 |

国际公约规定机长拥有最高处置权

近年来，随着越来越多的人选择乘坐飞机出行，因乘机引起的矛盾也在逐渐增加。当出现矛盾时,乘客往往觉得受了委屈,觉得自己作为消费者没有得到上帝般的礼遇。相反,民航机长拥有巨大的权力,可以自由决定起飞、降落、返航,甚至可以拒载乘客。

2011年6月9日,在从昆明飞上海的南航CZ6800航班上,三名乘客因自行换座位而与机务人员发生争吵,机长便让警察将三名乘客带离飞机。2012年2月1日,一对中国夫妻乘坐美联航客机由美国关岛返回上海,登机后因为行李放置问题与空姐发生言语冲突,机长拒绝二人重新登机,而他们未满12岁的女儿却被留在了飞机上。

为什么民航行业会有这样的"霸王条款"?其实,机长拥有最高权力不仅是基于飞行安全这种特殊的公共利益,而且也是"勒在"民航业和机长脖子上的一根绳索。为了保障飞行安全,民航业必须付出巨大的物质和精神成本,如若不然就可能因为出现安全问题而承担行政责任,严重时甚至要付出生命的代价。因此,早在1963年出台的《东京公约》及此后出台的一系列国际公约中,就规定了机长是航空器上的最高行政长官,其对机上发生的一切危及飞行和空防安全的事件具有至高无上的处置和决定的权力。

飞行是一个专业性极强的专业,而对于机长的要求则更高。机长要在飞机发生事故或面临危险等紧急情况下,立即采取果断措施以保护机上人员的生命和财产安全。所以机长作为最了解飞行情况和飞机状况的最高管理者,是飞机上最具权威的专业人员,因此赋予机长自主的和最终的决策指挥权是科学的、合理的。

三、《海牙公约》

《海牙公约》全称为《制止非法劫持航空器公约》,该公约于1971年10月14日生效。

(一)《海牙公约》产生的历史背景

《东京公约》签订后,世界范围内出现了劫机浪潮。1968年35起、1969年87起、1970年82起(平均每四天发生一起),劫机得逞率高达81.5%。由于劫机事件日益增多，引起了国际社会的高度重视。

在这种情况下，国际民航组织于 1970 年 12 月在荷兰海牙召开国际航空法外交会议，讨论有关劫持飞机的问题。参会国家有 76 个，会议上签订了《海牙公约》。该公约规定了各缔约国对犯罪行为实施管辖权及拘留、起诉或引渡罪犯的详细规定。中国于 1980 年 9 月 10 日交存加入书，《海牙公约》同年 10 月 10 日对中国生效。

（二）《海牙公约》的主要内容

（1）严厉惩罚劫持飞机者。

（2）缔约国对劫机行为的管辖范围。

（3）缔约国承担的义务是将劫机情况通知有关国家，并将处理情况报告给国际民用航空组织。

（三）《海牙公约》关于对劫机犯罪行为的界定

用武力、武力威胁、精神胁迫等方式，非法劫持或控制航空器（包括未遂）即构成刑事犯罪。

四、《蒙特利尔公约》

1971 年签订的《蒙特利尔公约》，正式名称为《统一国际航空运输某些规则的公约》，其签订的目的是通过国际合作，惩治从地面破坏航空运输安全的犯罪行为。该公约的规定与《海牙公约》大体相同，但对危害民用航空安全的行为进行了更具体的规定，扩大了适用范围并规定此类行为应受到普遍性管辖。

《蒙特利尔公约》的主要内容是各缔约国对袭击民航飞机、乘客及机组人员，以及爆炸民航飞机或民航设施等危及飞行安全的人，要给予严厉的惩罚。其他规定基本与《海牙公约》相似。

《蒙特利尔公约》关于危害航空安全犯罪的界定（凡非法故意实施下列行为之一，均为犯罪）：

（1）对飞行中的航空器内的人实施暴力，危及航空安全的行为。

（2）破坏使用中的航空器或对该航空器造成损坏，使其不能飞行或危及其飞行安全的行为。

（3）用任何方法在使用中的航空器内放置或使别人放置一种将会破坏该航空器或对其造成损坏使其不能飞行或对其造成损坏而将会危及其飞行安全的装置或物质。

（4）破坏或损坏航行设施或扰乱其工作，危及飞行中航空器安全的行为。

（5）传送明知是虚假的情报，从而危及飞行中的航空器的安全的行为。

（6）上述行为的未遂犯及共犯（包括未遂共犯）。

五、《蒙特利尔公约补充议定书》

1988年，在蒙特利尔召开的外交会议上通过了《蒙特利尔公约补充议定书》。该议定书在1971年公约的基础上扩大了对"犯罪"的定义，它包括在国际民用航空机场发生的一些具体的爆炸行为，如果这类行为危及或可能危及国际民用航空机场，各缔约国承诺会对犯罪者给予严厉的惩罚。该议定书还包括有关管辖权的条款。

六、《关于注标塑性炸药以便探测的公约》

1991年，国际民航组织在蒙特利尔召开国际航空法外交会议，签订了《关于注标塑性炸药以便探测的公约》，旨在防止使用塑性炸药危害航空器的非法行为。

所谓注标塑性炸药，是指在制造塑性炸药时，要在其内添加一种可探测元素，使其具有可探测性。该公约规定，各缔约国应采取有效的措施，在其领土上禁止生产、进口或出口非注标塑性炸药。同时，对于储存和交换非注标塑性炸药的行为，应采取必要的措施予以严格、有效地管理，以防止恐怖分子利用难以探测的塑性炸药进行恐怖活动，从而危害航空器及其所载人员的生命财产安全。

任务三 《中华人民共和国民用航空法》的相关内容

《中华人民共和国民用航空法》

《中华人民共和国民用航空法》是为了维护国家的领空主权和民用航空权利，保障民用航空活动安全和有秩序地进行，保护民用航空活动当事人各方的合法权益，促进民用航空事业的发展而制定的法律。此法于1995年10月30日第八届全国人民代表大会常务委员会第十六次会议通过，于1995年10月30日由中华人民共和国主席令第56号公布，自1996年3月1日起施行。

截至2023年年底，《中华人民共和国民用航空法》在施行过程中共经历了六次修正。本教材所列规定均摘自由法律出版社出版的2021年第6次修订的最新版本。

《中华人民共和国民用航空法》关于公共航空运输企业及旅客的规定如下：

第一百条 公共航空运输企业不得运输法律、行政法规规定的禁运物品。

公共航空运输企业未经国务院民用航空主管部门批准，不得运输作战军火、作战物资。

禁止旅客随身携带法律、行政法规规定的禁运物品乘坐民用航空器。

第一百零一条 公共航空运输企业运输危险品，应当遵守国家有关规定。

禁止以非危险品品名托运危险品。

禁止旅客随身携带危险品乘坐民用航空器。除因执行公务并按照国家规定经过批准外，禁止旅客携带枪支、管制刀具乘坐民用航空器。禁止违反国务院民用航空主管部门的规定将危险品作为行李托运。

危险品品名由国务院民用航空主管部门规定并公布。

第一百零二条 公共航空运输企业不得运输拒绝接受安全检查的旅客，不得违反国家规定运输未经安全检查的行李。

公共航空运输企业必须按照国务院民用航空主管部门的规定，对承运的货物进行安全检查或者采取其他保证安全的措施。

第一百零三条 公共航空运输企业从事国际航空运输的民用航空器及其所载人员、行李、货物应当接受边防、海关等主管部门的检查;但是,检查时应当避免不必要的延误。

| 知识角 |

《中华人民共和国刑法》与民用航空安全保卫有关的条款

第一百一十六条 破坏火车、汽车、电车、船只、航空器,足以使火车、汽车、电车、船只、航空器发生倾覆、毁坏危险,尚未造成严重后果的,处三年以上十年以下有期徒刑。

第一百一十七条 破坏轨道、桥梁、隧道、公路、机场、航道、灯塔、标志或者进行其他破坏活动,足以使火车、汽车、电车、船只、航空器发生倾覆、毁坏危险,尚未造成严重后果的,处三年以上十年以下有期徒刑。

第一百二十一条 以暴力、胁迫或者其他方法劫持航空器的,处十年以上有期徒刑或者无期徒刑;致人重伤、死亡或者使航空器遭受严重破坏的,处死刑。

第一百二十三条 对飞行中的航空器上的人员使用暴力,危及飞行安全,尚未造成严重后果的,处五年以下有期徒刑或者拘役;造成严重后果的,处五年以上有期徒刑。

第一百二十五条 非法制造、买卖、运输、邮寄、储存枪支、弹药、爆炸物的,处三年以上十年以下有期徒刑;情节严重的,处十年以上有期徒刑、无期徒刑或者死刑。

非法制造、买卖、运输、储存毒害性、放射性、传染病病原体等物质,危害公共安全的,依照前款的规定处罚。

单位犯前两款罪的,对单位判处罚金,并对其直接负责的主管人员和其他直接责任人员,依照第一款的规定处罚。

第一百三十条 非法携带枪支、弹药、管制刀具或者爆炸性、易燃性、放射性、毒害性、腐蚀性物品,进入公共场所或者公共交通工具,危及公共安全,情节严重的,处三年以下有期徒刑、拘役或者管制。

第一百三十一条 航空人员违反规章制度,致使发生重大飞行事故,造成严重后果的,处三年以下有期徒刑或者拘役;造成飞机坠毁或者人员死亡的,处三年以上七年以下有期徒刑。

《中华人民共和国民用航空法》关于对隐匿携带枪支、弹药、管制刀具乘坐航空器的处罚规定如下：

第一百九十三条 违反本法规定，隐匿携带炸药、雷管或者其他危险品乘坐民用航空器，或者以非危险品品名托运危险品的，依照刑法有关规定追究刑事责任。

企业事业单位犯前款罪的，判处罚金，并对直接负责的主管人员和其他直接责任人员依照前款规定追究刑事责任。

隐匿携带枪支子弹、管制刀具乘坐民用航空器的，依照刑法有关规定追究刑事责任。

| 典型案例 |

旅客携炮弹壳登机被安检拦下

2015年10月3日，国庆的气息正浓烈，厦门机场的航站楼里旅客熙熙攘攘。19时左右，准备前往郑州的陈先生来到机场接受安检，当其行李在通过X射线机检查时，出现在显示屏上的图像让开机员倒吸了一口凉气。原来，开机员在郑先生的行李箱中发现了一枚疑似"炮弹"的物体。

开机员立即通知开包员将此行李进行控制，并开包检查。打开行李后，开包员果真从里面查出了一枚"炮弹"。这枚"炮弹"约30厘米长，军绿色，呈流线形弹体，还有尾翼。见此情况，陈先生忙辩称："没错，确实是一枚炮弹，不过它已经失去了威力。"按照相关规定，安检人员随即报告了值班领导，并将陈先生移交机场公安机关处理。

机场公安民警将陈先生带回调查，经过仔细辨认，这枚"炮弹"只是个废旧迫击炮炮弹的弹壳（见图2-2），没有引信，没有装填炸药。根据陈先生的说法，他当过兵，对这些枪炮工艺品十分感兴趣，他在莆田一个地摊上花120元买了这个废旧炮弹壳，想带回家作为"摆件"。民警告知陈先生，虽然这个"炮弹"已经失去威力，但是它的威慑力

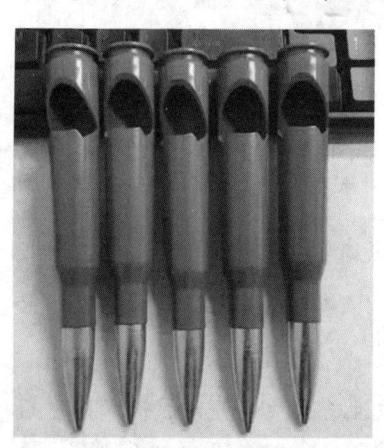

图2-2 弹壳

仍然存在，一旦带上飞机，极易造成恐慌，甚至会威胁到整个航班的安全运行。最终，民警没收了这枚炮弹壳，并对陈先生进行了批评教育。

任务四 《中华人民共和国民用航空安全保卫条例》的相关内容

《中华人民共和国民用航空安全保卫条例》是为了防止对民用航空活动的非法干扰，维护民用航空秩序，保障民用航空安全，制定的条例。该条例于1996年7月6日由中华人民共和国国务院令第201号发布。

一、《中华人民共和国民用航空安全保卫条例》对机场控制区划分的规定

第十一条　机场控制区应当根据安全保卫的需要，划定为候机隔离区、行李分检装卸区、航空器活动区和维修区、货物存放区等，并分别设置安全防护设施和明显标志。

第三十九条　本条例下列用语的含义：

"机场控制区"，是指根据安全需要在机场内划定的进出受到限制的区域。

"候机隔离区"，是指根据安全需要在候机楼（室）内划定的供已经安全检查的出港旅客等待登机的区域及登机通道、摆渡车。

"航空器活动区"，是指机场内用于航空器起飞、着陆以及与此有关的地面活动区域，包括跑道、滑行道、联络道、客机坪。

二、《中华人民共和国民用航空安全保卫条例》对在航空器活动区和维修区内的人员、车辆的规定

第十四条　在航空器活动区和维修区内的人员、车辆必须按照规定路线行进，车辆、设备必须在指定位置停放，一切人员、车辆必须避让航空器。

三、《中华人民共和国民用航空安全保卫条例》对机长在执行职务时行使权力的规定

第二十三条 机长在执行职务时，可以行使下列权力：

（1）在航空器起飞前，发现有关方面对航空器未采取本条例规定的安全措施的，拒绝起飞。

（2）在航空器飞行中，对扰乱航空器内秩序，干扰机组人员正常工作而不听劝阻的人，采取必要的管束措施。

（3）在航空器飞行中，对劫持、破坏航空器或者其他危及安全的行为，采取必要的措施。

（4）在航空器飞行中遇到特殊情况时，对航空器的处置作最后决定。

四、《中华人民共和国民用航空安全保卫条例》对航空器内禁止行为的规定

第二十五条 航空器内禁止下列行为：

（1）在禁烟区吸烟。

（2）抢占座位、行李舱（架）。

（3）打架、酗酒、寻衅滋事。

（4）盗窃、故意损坏或者擅自移动救生物品和设备。

（5）危及飞行安全和扰乱航空器内秩序的其他行为。

| 典型案例 |

航班即将起飞 醉汉在飞机上闹事被机长拒载

"我是××公司老总，告诉机长，赶紧起飞，耽误我的事儿，你们可赔不起……"当乘客汤某满身酒气，在飞机上叫嚣时，他怎么也没想到，几分钟后他就被民警"请"下了飞机，因为醉酒闹事，他直接被机长拒载了。

2013年3月27日21:10，从天津飞往广州的CZ3136次航班按时到达天津滨海国际机场。在23号登机口，旅客汤某浑身酒气，晃晃悠悠地走到服务台前说："怎么

还不让登机？""对不起，先生，飞机正在做卫生清洁，请您再耐心等待一下！""有没有搞错，你们服务态度太差了，没有素质……"汤某越骂越过分，机场人员赶紧请求机场分局民警前来处理。在民警的劝说下，汤某安静下来。

21：25，乘客陆续登机。刚上飞机，汤某就在过道上骂骂咧咧。机组人员一直劝说，但他就是不听。由于汤某堵住了过道，后面登机的乘客没办法放行李，也没办法顺利到达自己的座位。

22：10，因乘客汤某醉酒在飞机上闹事，机组人员再次报警。民警到场后与机长及时沟通，机长表示，这名乘客饮酒过度，担心在飞行中引发航空安全问题，决定拒载该乘客。民警在获得机长授权后，劝说汤某下了飞机。由于汤某一直耍酒疯，民警担心他会做出格的事情，便在酒店陪了他一夜，直到第二天，他才安全乘坐另外一班飞机离开。

民警说，第二天酒醒后，汤某很后悔，本来想早点到家，结果因为自己的不理智行为，被机长直接拒载，耽误了行程。

据机场分局民警介绍，依照《中华人民共和国民用航空法》和《公共航空旅客运输飞行中安全保卫工作规则》，为保证旅客的生命安全和飞行安全，旅客酗酒或者显示明显醉态，将被拒绝办理登机手续，取消乘机资格。《中华人民共和国民用航空安全保卫条例》第二十五条也规定，航空器内禁止打架、酗酒、寻衅滋事。违反者将依照《中华人民共和国治安管理处罚法》，给予警告、罚款，甚至拘留等处罚。另外，乘客进入机舱后，如发现身边有醉酒者给自己带来不适，可以向机组人员反映并投诉。

五、《中华人民共和国民用航空安全保卫条例》对乘机旅客行李检查的规定

第二十六条 乘坐民用航空器的旅客和其他人员及其携带的行李物品，必须接受安全检查；但是，国务院规定免检的除外。

拒绝接受安全检查的，不准登机，损失自行承担。

六、《中华人民共和国民用航空安全保卫条例》对乘机旅客证件和人身检查的规定

第二十七条 安全检查人员应当查验旅客客票、身份证件和登机牌，使用仪器或者手工对旅客及其行李物品进行安全检查，必要时可以从严检查。

已经安全检查的旅客应当在候机隔离区等待登机。

七、《中华人民共和国民用航空安全保卫条例》对进入候机隔离区的工作人员安全检查的规定

第二十八条 进入候机隔离区的工作人员（包括机组人员）及其携带的物品，应当接受安全检查。

接送旅客的人员和其他人员不得进入候机隔离区。

八、《中华人民共和国民用航空安全保卫条例》对邮件检查的规定

第二十九条 外交邮袋免予安全检查。外交信使及其随身携带的其他物品应当接受安全检查；但是，中华人民共和国缔结或者参加的国际条约另有规定的除外。

第三十一条 航空邮件必须经过安全检查。发现可疑邮件时，安全检查部门应当会同邮政部门开包查验处理。

九、《中华人民共和国民用航空安全保卫条例》对货物检查的规定

第三十条 空运的货物必须经过安全检查或者对其采取的其他安全措施。

货物托运人不得伪报品名托运或者在货物中夹带危险物品。

| 典型案例 |

乌海机场首次查获"弹弓枪"

2016年1月19日10时许，内蒙古自治区乌海机场安检人员正在对航空货物进行检查，一件货物的X射线图像引起了安检人员的注意。原来图像中呈现出一把金属长枪型物品轮廓，但货物清单上却显示该件货物名称为门把手，检查员立即通知托运人取出纸箱并接受开包检查。打开后发现该物品为一支银灰色金属杆枪，具备扳机，枪管顶端有

橡胶弹弓，并配备瞄准装置、手电和弹丸。经查该枪名称是终极猎手弹弓枪，用于打猎及其他娱乐，在网上就可以买到，经过试验后该枪的威力很大，具有一定的破坏力。

此次是乌海机场安检人员在货物检查中首次查获终极猎手弹弓枪。根据《中华人民共和国民用航空安全保卫条例》第三十条的规定，货物托运人不得伪报品名托运或者在货物中夹带危险物品。安检人员将该枪移交机场公安机关处理，并在《航空货物运输不良行为记录表》中做了记录。

十、《中华人民共和国民用航空安全保卫条例》对严禁旅客携带违禁物品的规定

第三十二条 除国务院另有规定的外，乘坐民用航空器的，禁止随身携带或者交运下列物品：

（1）枪支、弹药、军械、警械。

（2）管制刀具。

（3）易燃、易爆、有毒、腐蚀性、放射性物品。

（4）国家规定的其他禁运物品。

| 典型案例 |

女生托运行李内查获警用电击器

2017年9月7日7时左右，厦门高崎国际机场安检人员例行在对旅客的托运行李进行安全检查。这时，安检员小吴突然发现X射线图像中有一块小电池及疑似升压装置的物品，这引起了他的警觉。在经过仔细判图后，小吴判定该物品为警用警械中的电击器！小吴立即通知开包检查员对该旅客的行李进行开包检查，检查中，安检人员发现了一个外形似小手电筒的物品，经过认真辨别后确认其是警用电击器。随即通知现场值班领导，并将该旅客移交机场公安处理。

据了解，蒋某托朋友购买此物品作为平时防身使用，之前并不知道乘坐飞机不可携带电击器。

根据《中华人民共和国民用航空安全保卫条例》的规定，催泪枪、电击器、防卫器等都属于国家禁止的枪支、械具，是禁止旅客随身携带或托运的物品。

十一、处罚机关

违反《中华人民共和国民用航空安全保卫条例》的处罚机关是民航公安机关。

任务五 《民用航空安全检查规则》的相关内容

《中国民用航空安全检查规则》是民用航空安全工作的规范性文件，由中国民用航空总局于1999年5月14日颁布，自1999年6月1日起施行。2016年9月2日，交通运输部发布中华人民共和国交通运输部令2016年第76号《民用航空安全检查规则》，公布了新版民用航空安全检查规则，自2017年1月1日起施行，1999年施行的《中国民用航空安全检查规则》同时废止。

新版《民用航空安全检查规则》共九章九十二条，分别就民航安全检查目的和适用范围、一般要求、民航安检机构、民航安全检查员、民航安检设备、民航安全检查工作实施、民航安检工作特殊情况处置、监督检查、法律责任等方面做了系统规定。其中，总则的主要内容如下。

第一条 为了规范民用航空安全检查工作，防止对民用航空活动的非法干扰，维护民用航空运输安全，依据《中华人民共和国民用航空法》《中华人民共和国民用航空安全保卫条例》等有关法律、行政法规，制定本规则。

第二条 本规则适用于在中华人民共和国境内的民用运输机场进行的民用航空安全检查工作。

第三条 民用航空安全检查机构（以下简称"民航安检机构"）按照有关法律、行政法规和本规则，通过实施民用航空安全检查工作（以下简称"民航安检工作"），防止未经允许的危及民用航空安全的危险品、违禁品进入民用运输机场控制区。

第四条 进入民用运输机场控制区（见图2-3）的旅客及其行李物品，航空货物、航空邮件应当接受安全检查。拒绝接受安全检查的，不得进入民用运输机场控制区。国务院规定免检的除外。

图2-3　民用运输机场控制区

旅客、航空货物托运人、航空货运销售代理人、航空邮件托运人应当配合民航安检机构开展工作。

第五条　中国民用航空局、中国民用航空地区管理局对民航安检工作进行指导、检查和监督。

第六条　民航安检工作坚持安全第一、严格检查、规范执勤的原则。

第七条　承运人按照相关规定交纳安检费用，费用标准按照有关规定执行。

| 知识角 |

坐飞机，旅客这14种行为将被移交公安机关

高高兴兴出门是每一位旅客的心愿，平平安安回家是每一位亲人的期盼。人在旅途，成千上万的游客当中总有人出行不是那么顺畅，畅通无阻的旅行变成了人在"囧途"，有人甚至把自己送进了派出所。

新版《民用航空安全检查规则》（以下简称"新规"）于2016年8月31日经交通运输部第19次部务会议通过，自2017年1月1日起施行。"新规"中第六十三条详细列出安检过程中，安检机构应当向公安机关报告的14种情形。

（1）使用伪造、变造的乘机身份证件或者乘机凭证的。

（2）冒用他人乘机身份证件或者乘机凭证的。

（3）随身携带或者托运属于国家法律法规规定的危险品、违禁品、管制物品的。

（4）随身携带或者托运本条第三项规定以外民航禁止运输、限制运输物品，经民航安检机构发现提示仍拒不改正，扰乱秩序的。

（5）在行李物品中隐匿携带本条第三项规定以外民航禁止运输、限制运输物品，扰乱秩序的。

（6）伪造、变造、冒用危险品航空运输条件鉴定报告或者使用伪造、变造的危险品航空运输条件鉴定报告的。

（7）伪报品名运输或者在航空货物中夹带危险品、违禁品、管制物品的。

（8）在航空邮件中隐匿、夹带运输危险品、违禁品、管制物品的。

（9）故意散播虚假非法干扰信息的。

（10）对民航安检工作现场及民航安检工作进行拍照、摄像，经民航安检机构警示拒不改正的。

（11）逃避安全检查或者殴打辱骂民航安全检查员或者其他妨碍民航安检工作正常开展，扰乱民航安检工作现场秩序的。

（12）清场、航空器安保检查、航空器安保搜查中发现可疑人员或者物品的。

（13）发现民用机场公安机关布控的犯罪嫌疑人的。

（14）其他危害民用航空安全或者违反治安管理行为的。

值得注意的是，"新规"还明确，旅客有逃避安全检查或者殴打辱骂民航安检员或者其他妨碍民航安检工作正常开展，扰乱民航安检工作现场秩序的行为，也将移交公安机关处理。

典型案例

男子为女友精心准备七夕礼物 不料过安检被拦

现今，越来越多的人喜欢自己动手做一些小物品，DIY的技术让人甚是赞叹，但并不是所有的自制物品都可以顺利通过安检。2015年8月，有一旅客就携带了自己男友亲手制作的"心形弹夹"进入机场，不料，却在安检处碰壁了。

这天，在广州白云国际机场A区13号安检口，准备乘坐飞机飞往无锡的张小姐正在接受安检，X射线机检查员小吴发现张小姐的背包内有两排弹夹，便发出指令要求开包员开包检查。打开背包后，安检人员从包里拿出了两个用红绳编织而成的"心形弹夹"。据了解，这是张小姐的男友送给她的七夕节礼物，花了一个多月的时间才制作完成。七夕是中国的传统情人节，情人之间都会互送一些有意义的东西，安检人员很能理解这礼物对于张小姐的意义，但是，弹壳是禁止携带上飞机的并且不能作为托运行李托运。最后，在安检人员的耐心解释下，张小姐不舍地做了自弃处理。

根据《民用航空安全检查规则》的规定，禁止乘机旅客随身携带或托运子弹、弹壳（及其制成的工艺品）等。

项目实训

知识竞答

实施步骤：

步骤一：老师事先准备好若干民航安全保卫法律法规的问题及相关案例，然后组织学生分成三组进行知识竞答。

步骤二：选出其中两组作为竞答双方。针对老师提出的问题，答题者要注意回答完整，对于举出的案例要准确说出违反了什么法，以及违反的具体条款。

步骤三：另外一组派出两名同学主持竞答赛，其余同学作为评委在竞答过程中及时指出竞答双方的错误，同时注意观察、记录竞答双方的表现。

步骤四：进行第二轮比赛。没有参与竞答的那一组学生分成两组，作为第二轮的竞答方；第一轮参与竞答的两组同学派人担任主持人和评委。

项目评价：

请根据表2-1对上述任务实施的结果进行评价。

表2-1 任务实施检测

评价内容	分值	评分	备注
熟知国际民航组织和国际航协的相关知识	20		
熟知航空安全保卫的相关国际公约的内容	25		
熟知中国航空安全保卫相关的法律、法规或规定的相关内容	25		
能够根据案例进行准确判断	20		
学生积极参与，气氛热烈	10		

项目学习效果综合测试

一、单项选择题

1. 国际民用航空组织是根据（　　）成立的。
   A.《芝加哥公约》　　　　　B.《海牙公约》
   C.《东京公约》　　　　　　D.《蒙特利尔公约》

2. 国际航空运输协会的总部设在加拿大的（　　）。
   A. 内罗毕　　　　　　　　B. 日内瓦
   C. 蒙特利尔　　　　　　　D. 里约热内卢

3.（　　）是国际民航界公认的"宪章"。
   A.《东京公约》　　　　　　B.《国际民用航空公约》
   C.《北京公约》　　　　　　D.《海牙公约》

4. 1971年签订的（　　），其签订的目的是通过国际合作，惩治从地面破坏航空运输安全的犯罪行为。
   A.《海牙公约》　　　　　　B.《东京公约》
   C.《芝加哥公约》　　　　　D.《蒙特利尔公约》

5.《民用航空安全检查规则》是（　　）。
   A. 民用航空安全工作的规范性文件
   B. 国务院颁发的用于保卫民航安全的规范性文件
   C. 中国民航宪章性文件
   D. 于2000年6月1日生效

6.《中华人民共和国民用航空安全保卫条例》是由（　　）颁布。
   A. 全国人民代表大会　　　　B. 国务院
   C. 中国人民政治协商会议　　D. 中国民用航空局

二、填空题

1. _____的宗旨在于发展国际航行的原则和技术，促进国际航空运输的规划和发展。

2. 国际航空运输协会是一个由世界各国航空公司自愿联合组织的_____性的国际组织。

3.《国际民用航空公约》又可称为《_____公约》。

4.《东京公约》规定了_____有权对犯罪者采取措施。

5.《中华人民共和国民用航空法》规定隐匿携带枪支子弹、管制刀具乘坐民用航空器的，依照_____有关规定追究刑事责任。

6. 违反《中华人民共和国民用航空安全保卫条例》的处罚机关是民航_____。

三、简答题

1. 简述国际民用航空组织的主要工作。

2. 国际航空运输协会的宗旨是什么？

3.《东京公约》中对机长的权利做出了哪些规定？

4.《蒙特利尔公约》关于危害航空安全犯罪是如何界定的？

5.《中华人民共和国民用航空法》关于安全检查规定的条款有哪些？

6.《中华人民共和国民用航空安全保卫条例》中对航空器内禁止行为是如何规定的？

项目三 安检人员的职业道德与礼仪规范

◆ 项目导读

  保障安全，是民航安检人员的职业道德之本。安检人员只有了解职业道德的基本知识，熟知职业道德规范的基本要求和内容，才能规范好自己的职业行为习惯，从而更好地投入安检工作之中，更好地为安检保驾护航。在保证安全的前提下，安检人员还应不断提升服务质量，在日常工作中，注重各种礼仪规范，努力为旅客营造一个和谐舒适的安检环境。本项目主要讲解了民航安检人员的职业道德规范的相关内容，以及安检人员的基本礼仪规范。

◆ 知识目标

1. 了解职业道德的含义、特点和作用。
2. 了解安检人员职业道德的基本要求和内容。
3. 了解培养安检人员职业道德规范的基本途径。
4. 了解安检人员的基本礼仪规范。

◆ 技能目标

1. 能够掌握职业道德的重要性、职业道德的含义。
2. 能够将安检人员职业道德规范作为安检工作的行为准则，并用其指导安检工作。
3. 能够按照安检人员的执勤规范进行安检工作。
4. 能够在实际的安检工作中遵守安检人员的仪容仪表、着装规范。
5. 能够灵活运用各安检岗位的规范用语。

| 情景导入 |

捍卫空防安全　践行真情服务

作为第一国门空防安全的主力军，北京首都机场航空安保有限公司（以下简称"安保公司"）承担着对进入首都机场各个区域安全检查、通道警卫、航空器监护，以及商品货物、出港货物、邮件的安全检查等工作。

近年来，随着国内外安全形势的日益严峻和旅客流量的不断增长，首都机场安检资源日趋紧张，空防安全压力前所未有。安保公司始终坚持"持续安全"的理念，全力确保首都机场空防的绝对安全。同时，面对日趋多元化的旅客需求，安保公司在坚持安全第一的基础上，不断改进和提升服务水平，切实让旅客感受到真情服务。

安保公司先后设立了"无行李旅客快速过检通道""无障碍通道""女性专用通道"等个性化安检通道，推出了"环绕式检查""L形举手示意法""安检帮帮忙"等服务举措，得到旅客们的广泛好评。在针对团队旅客过检的问题上，安保公司专门与北京市文化和旅游局建立了合作机制，加强对团队旅客相关法律法规的宣传，方便了团队旅客过检，减少了普通旅客的排队等候时间。在大力倡导真情服务，彰显人文关怀的同时，还有效缓解了安检资源紧张与旅客吞吐量持续增长带来的运行压力，取得了安全与服务的双赢。

任务一　职业道德的基本知识

所谓道德，是指人们共同生活及行为的准则和规范，主要通过人们的自律或一定的舆论起约束作用。

职业道德是一般道德在职业行为中的反映。所谓职业道德，就是人们在进行职业活动过程中，一切符合职业要求的心理意识、行为准则和行为规范的总和。它是一种内在的、非强制性的约束机制，主要用于调整职业个人、职业主体和社会成员之间的关系。

一、职业道德的特点

职业道德的特点主要表现在以下四个方面。

（一）范围上的特殊性

职业道德的内容总是要鲜明地表达特定的职业责任、职业义务及职业行为上的道德准则，即反映特定职业活动对从业人员行为的道德要求。因此，每一种职业道德都只能规范本行业从业人员的职业行为，在特定的职业范围内发挥作用。

（二）内容上的继承性

职业道德是在长期实践过程中形成的，会被作为经验和传统继承下来，因为其责任和义务相对稳定，职业行为的道德要求的核心内容将被继承和发扬，从而形成了被不同社会发展阶段普遍认同的职业道德规范。

（三）形式上的多样性

在表现形式方面，职业道德的内容往往比较具体、灵活、多样。它总是从本职业的实践活动出发，采用制度、守则、公约、承诺、誓言、条例，甚至标语口号之类的形式，这些灵活的形式不仅易于为从业人员所接受和实行，而且易于形成一种职业的道德习惯。

（四）执行上的纪律性

职业道德有时以制度、章程、条例的形式进行表达，在执行上具有一定的纪律性，既要求相关从业人员能自觉遵守，又带有一定的强制性。

二、职业道德的作用

职业道德是社会道德体系的重要组成部分，它既具有社会道德的一般作用，又具有自身的特殊作用，具体表现在如下四个方面。

（一）调节职业交往中从业人员内部以及从业人员与服务对象间的关系

职业道德的基本职能是调节职能。一方面，职业道德可以调节从业人员内部的关系，即运用职业道德规范约束职业内部人员的行为，促进职业内部人员的团结与合作。例如，职业道德规范要求各行各业的从业人员都要团结、互助、爱岗、敬业、齐心协力地为发展本行业、本职业服务。另一方面，职业道德又可以调节从业人员和服务对象之间的关系。例如，职业道德规定了制造产品的工人应该怎样对用户负责、营销人员应该怎样对顾客负责、医生应该怎样对患者负责、教师应该怎样对学生负责等。

（二）有助于维护和提高本行业的信誉

一个行业、一个企业的信誉，也就是它们的形象、信用和声誉，是指企业及其产品或服务在社会公众中的信任程度。提高企业的信誉主要靠产品和服务质量，而从业人员职业道德水平高是产品和服务质量的有效保证。若从业人员职业道德水平较低，那么很难生产和提供出优质的产品与服务。

（三）促进本行业的发展

行业、企业的发展依赖高经济效益，而高经济效益源于高员工素质。员工素质主要包含知识、能力、责任心三个方面，其中责任心是最重要的。职业道德水平高的从业人员，往往责任心也是极强的。因此，职业道德能促进本行业的发展。

（四）有助于提升全社会的道德水平

职业道德是整个社会道德的主要内容。职业道德一方面涉及每个从业人员应如何对待职业、如何对待工作，是一个从业人员的生活态度和价值观念的表现；另一方面也是一个职业集体，甚至一个行业全体人员的行为表现。如果每个行业、每个职业集体都具备优良的职业道德，那么对整个社会道德水平的提升肯定会发挥重要作用。

|新闻台|

巡视偶遇多名听障旅客　郑州机场安检人员安静护送

相比常人来说，听障、肢体残障的特殊旅客通过机场安检可能是一件不太容易的事。2018年5月19日，郑州新郑国际机场安检站旅检二大队安检人员在T2航站楼值机区偶然发现，几十名旅客在排队办理行李托运手续，他们相互间不时地在打手势沟通，安检人员了解到这49名特殊旅客大多数是听障旅客。之后，机场安检人员进一步得知，这个团队来自郑州市圆方社工服务中心，集体乘坐航班前往烟台，而此时，正值机场的安检高峰，而且距他们的登机时间已经很近了，这些旅客听力和身体行动都不方便，如果正常排队，就有可能延误登机。

对行动不便等特殊旅客给予贵宾待遇，一直是郑州新郑国际机场真情服务的一项重要内容，机场安检站旅检二大队值班领导立即安排机场安检站云帆班组一名安检人员将这49名旅客引导到安检区，并立即为这个听障、肢体残障的特殊旅客团队开设两条专用安检通道。安检中，安排有专人引导交流，通过肢体语言与这些旅客进行简单交流，安检人员基本是安静操作，仅用10分钟左右的时间，这些特殊旅客就快速通过了安检。其间，这49名旅客虽然语言沟通相对困难，但都时不时地对机场安检站安检人员伸出了大拇指。这一刻，安检人员感受到了这些特殊旅客的真诚，并从他们的眼神、笑容中感到了鼓励和荣誉感。

通过安检后，安检人员又将这个特殊的团队送至登机口并保证他们顺利登机。事后，郑州市圆方社工服务中心的领队刘大姐专门给安检站送来一封感谢信，信中对郑州新郑国际机场安检人员乐于助人、为残障朋友服务的精神表示感谢，并为这些美丽的安检人员点赞。

任务二 安检人员的职业道德规范

职业道德规范是职业道德的基本内涵，它是人们在长期的职业活动中积累形成的，也是对人们在职业活动中必须遵循的基本行为准则的提炼与总结。职业道德教育的根本任务是提高受教育者的职业道德素养，调整其职业行为，使受教育者能够养成崇高的敬业精神、严明的职业纪律和高尚的职业荣誉感。

一、安检人员职业道德规范的基本要求

在我国，安检人员职业道德规范是社会主义职业道德在民航安检职业活动中的具体体现。它既是安检人员处理好职业活动中各种关系的行为准则，又是评价安检人员职业行为的标准。

（一）树立风险忧患意识

随着国际国内社会形势的不断变化，恐怖分子时刻在寻找犯罪机会，千方百计地变换手段企图劫机，空防安全的风险和危险无时不在。安检人员从事的工作正是要把威胁空防安全的人或物阻截在地面，有效地预防和制止劫机、炸机事件的发生，安全检查工作中的每一分钟，都是在与影响民航空防安全的隐患作斗争。因此，每位安检人员必须牢牢树立风险忧患意识，坚决克服松懈、麻痹等心理，保持高度警惕的精神状态，力争将各种不安全的隐患及时消灭在萌芽状态。

| 典型案例 |

深航机组成功处置"726"机上纵火事件

2015年7月26日0时40分，深圳航空公司ZH9648台州至广州航班发生一起机上纵火事件。机上9名年轻机组成员临危不惧、协同配合、果断处置，成功扑灭明火、稳定客舱秩序、制伏犯罪嫌疑人。0时58分，飞机安全着陆，确保了机上97名乘客的生命财产安全和航空器的安全。

7月25日午夜，深航ZH9648航班从台州起飞后，飞行过程一切正常，乘务员董雪琼在整理25排座位时，闻到有刺鼻的汽油味且发现25排A座位、B座位上下和壁板上都有明显的液体痕迹，她立即将此情况告知机上两名安全员，此时离纵火事发仅有一分多钟时间。25排C座的男子突然跑到前舱点着明火，两名安全员立刻从机舱后部赶上前去制止。

在歹徒手中有利器的情况下，两名安全员与歹徒正面迎击，展开肉搏。安全员杜福接过4号乘务员刘莉从后舱送来的灭火器，与乘务组快速配合，将明火扑灭。

当时，坐在头等舱的旅客陈金彪拿起枕头与拿着尖刀向他靠近的歹徒对峙，坐在11排C座的旅客张学美举起经济舱的行李向歹徒扔了过去，在与歹徒对峙过程中其胳膊被刀划伤。在安全员和两名旅客的共同努力下，歹徒最终被控制。

驾驶舱内，机长蔡小戈在收到客舱有人纵火报告后立即启动紧急程序，在空管和机场等方面的密切配合下，航班比原定时间提前10分钟在广州机场安全着陆。事后，民航局通报表彰深圳航空ZH9648机组，记集体一等功。

相关责任人处置：经台州市委、市政府研究决定，台州市民航局局长杨友德被免职，副局长卢启辰被撤职，台州机场安检站站长、副站长、当班职工全部被开除。同时，决定自2015年7月29日6时起暂时停止台州机场运行，并派出工作组现场督查台州机场整改工作。民航局召开电视电话会议，要求民航各地区管理局立即对辖区内的中小机场和新机场进行空防安全检查，重点加强对安检工作的整治；并要求民航华东地区管理局对台州机场进行安全评估。

（二）强化安全责任意识

任何职业都要承担一定的职业责任，忠实履行责任是必需的。安检的每一个岗位，都与旅客生命和财产的安全密不可分，安检工作无小事，安全责任重如泰山。安检人员要从认识上、情感上、信念上以至于习惯上养成忠于职守的主动性，做到人在岗位，心系安全，明确肩负的安全责任。检查过程中要严格按照安检的规范程序进行操作，不能怕麻烦、省程序，杜绝任何不负责任、玩忽职守的态度和行为，坚决避免因无视职业责任造成的安全隐患。

（三）培养文明服务意识

文明服务，既是社会主义精神文明和职业道德建设的重要内容，也是社会主义社会人与人之间平等团结、互助友爱的新型人际关系的体现。安检工作既有检查的严肃性，又有服务的文明性。相比较乘坐火车、汽车等交通工具而言，许多旅客选择乘坐飞机出行，就在于民航的优质服务，安检服务无疑包括其中。

因此，安检人员要文明执勤，就必须做到仪容仪表、语言行为和礼节的规范化。安检人员优质的文明服务，可以增强旅客对安检措施的配合程度，使安全检查的措施和手段能够顺利实施并取得良好效果，同时塑造安检队伍良好的文明形象。

| 新闻台 |

贴心！美兰国际机场首开女性旅客安检专用通道

2017年7月，随着暑运的来临，海口美兰国际机场（以下简称"美兰机场"）客流量进一步增加，为提升旅客过检效率，缩短排队等候时间，美兰机场首次推出特色服务项目——女性旅客安检专用通道，此举不仅能为女性旅客提供优质快捷的安检服务，更展示出了五星机场对女性旅客的人文关怀。

为满足女性旅客过检时个性化及私密性的需求，美兰机场将B区安检区的5号通道设置为宽敞且易识别的女性安检专用通道（Female Only），并首设安检女子班组，配备9名安检业务精湛的女性安检人员开展服务工作，对女性旅客进行针对性的过检提示和解答，提供爱心服务。

此项创新服务举措，一方面，为了更好地保护女性旅客的隐私，避免尴尬情况产生，因为女性旅客携带的行李物品中，难免有一些不方便男性安检人员开包检查的物品；另一方面，根据相关规定，女性旅客只能由女性安检人员进行人身检查，常规安检通道男女混排，当女性旅客连续过检时，男性安检人员只能从旁等候，这无疑增加了旅客候检的时间，影响验放速度，而设立女性通道可以很好地解决这个问题。

（四）确立敬业奉献意识

安检的职业特点要求安检人员必须把确保空防安全放在职业道德规范的首位，要求安检人员具有强烈的事业心、高度的责任感和精湛的技术技能，具有严格的组织纪律观念和高效率、快节奏的工作作风，具有良好的思想修养及服务态度。而要做到这些要求，没有无私的敬业奉献精神是万万不行的。

因此，安检人员要确立敬业奉献意识，热爱自己的事业、恪尽职守、精益求精、无私奉献，不断加强学习，增强对各种危险物品的查验能力，持续提升安检业务技能水平。

| 知识角 |

安检人员要确立敬业奉献意识必须正确对待三个考验

从安检岗位所处的特殊环境来看，安检人员要确立敬业奉献意识，必须正确对待三个考验。

一是严峻的空防形势考验。安检队伍是在严峻的空防形势中产生和发展起来的，安检工作担负着将影响空防安全的危险因素消灭在地面，保障旅客安全，防止劫机、炸机事件发生的重任，这就要求安检人员必须忘我地工作，时刻保持高度警惕，坚守好本职岗位。

二是繁重工作任务的考验。在机场航站楼里，有的每天数万名旅客离港，保障旅客的顺利出行，是安检人员的职责，也是赋予安检人员的使命。繁重的工作任务，让安检人员长年累月地凌晨起半夜睡，需要持续不断地在一线岗位上辛勤工作。

三是个人利益得失的考验。在繁重的安检岗位上，个人家庭生活、经济收入相应会受到不同程度的影响，紧张艰苦的工作环境也容易引起思想波动。

为了民航全局的整体利益，更为了空防安全的万无一失，每名安检人员要在其位尽其职，经受住考验，树立"亏了我一个，造福民航人"的崇高境界，热爱安检岗位，乐于奉献，立足安检岗位，建功立业。

二、安检人员职业道德规范的基本内容

安检人员职业道德规范，就是在确保民航安全的前提下，以全心全意为人民服务和集体主义为道德原则，把"保证安全第一，改善服务工作，争取飞行正常"落实在安检人员的职业行为中，树立敬业、勤业、乐业的良好道德风尚。根据民航安检工作的职业特点，可将安检人员职业道德规范的基本内容归纳为以下几个方面。

（一）爱岗敬业，忠于职守

"爱岗敬业，忠于职守"就是热爱本职工作，忠实地履行职业责任，这既是为人民服务的基本要求，又是社会主义国家对每一名从业人员的基本期望。任何一种职业都承担着一定的职业责任，只有每一个职业劳动者都自觉履行职业责任，整个社会生活才能有条不紊地进行。因此，对于安检人员来讲，要培养高度的职业责任感，以主人翁的态度对待自己的工作，养成忠于职守的自觉性。

"爱岗敬业，忠于职守"是安检人员最基本的职业道德，它的基本要求如下：

1. 忠实履行岗位职责，认真做好本职工作

安检人员要始终忠于国家和人民，将国家和人民的利益放于首位，认真承担自己的职业责任并履行义务。无论是查验证件、进行人身和行李物品的安全检查，还是监护飞机，都要做到兢兢业业，忠于职守。

2. 以主人翁的态度对待本职工作

每一名安检人员都是民航的主人，是民航事业发展的创造者。安检工作是民航整体的重要组成部分，安检人员要自觉摆正个人与民航整体的关系，树立"民航发

展我发展，民航兴旺我兴旺，民航安全我安全"的整体观念。此外，安检人员（见图3-1）还应具有高度的责任感和强烈的事业心，积极为民航的发展献计献策，主动为空防的安全分忧解难。

3. 树立以苦为乐的幸福感

每名安检人员都要正确对待个人的物质利益和劳动报酬等问题，克服拜金主义、享乐主义和极端个人主义的倾向，乐于为安检工作做贡献。

4. 反对玩忽职守的渎职行为

安检人员在职业活动中是否尽职尽责，不仅关乎自身的利益，还关乎国家和人民生命财产的安全。玩忽职守、失职失责的行为，既会影响到民航运输的正常活动，又会使国家和人民利益蒙受损失，严重的还将构成渎职罪、玩忽职守罪、重大责任事故罪，从而受到法律的制裁。

图3-1 安检人员

| 新闻台 |

机场安检人员每日弯腰千余次　送千万旅客平安出行

早上5点20分，当大多数人还沉浸在甜美的梦乡里时，天津滨海国际机场旅检一分部国内中队的安检员杨欢已经开始了她的安检工作。"您的包内疑似有限制运输物品，请打开一下配合检查。"旅客王女士按照安检人员要求打开了行李箱。在包内，安检员杨欢发现了一个装满水的水杯、多瓶超出100mL容量的化妆品等，按照规定，王女士将限制运输物品进行了托运。

杨欢已经在安检工作岗位上工作了6年，"上一休一"的工作模式让这个"80后"女孩早就没有了节假日的概念，哪怕是对中国人来讲最重要的春节。天津机场共有10条安检通道，每天9∶00—10∶00的早高峰时段将全部开放，每条安检通道由6

个人配合工作。"我们6个人就像一颗颗螺丝钉，哪个岗位忙不过来，其他稍空闲的人就会及时去补岗。"杨欢说，岗位互补能让安检工作效率更高，从而节省旅客的安检时间。按照正常班制，杨欢将在18:30下班，但是她却从来没有按时下过班，最少也要工作16小时，遇到恶劣天气导致航班不正常的情况下班会更晚，这种情况下要先将旅客安置到酒店，等达到起飞标准了，候机乘客再返回机场大厅进入候机区重新安检。"什么时候把机场最后一批乘客送上飞机，什么时候才能下班，加班加点是常有的事。"杨欢说。

随着天津滨海国际机场旅客吞吐量的不断增大，迅速攀升的客流量给安检部门带来了很大的压力。整个上午，机场旅检一分部国内中队长刘金厚始终忙碌在安检一线。"我若不在一线补岗，他们根本没有时间下来，连喝水、上厕所都顾不上。"刘金厚说，"一线的安检员都很不容易，我们就要多为他们着想。"一顿午饭至少分两次吃完。

由于工作的特殊性，越是到节假日安检人员的工作就越繁忙。他们大多是自己带饭，因为根本没有时间到食堂去吃。"一般大家都选择在11:00左右航班较少的时候轮流吃饭，这时候关闭一条安检通道对于旅客来讲影响并不大。"刘金厚说道，"安检人员回到休息室，热饭吃饭再返回岗位，总共只有20分钟的时间。我们准备了3台微波炉，即便3台机器同时使用也要分两拨才能完成。"11:30，饭还没吃几口，杨欢就接到电话，由于旅客陆续增多要马上增开安检通道。放下电话，杨欢和同事们将未吃完的饭盒收好，又上岗去了……"安检人员就是这样，早午饭合一、一餐分两次吃完都是太正常的事了。"杨欢和她的同事们并没有一丝不满，大家都欣然接受这种工作模式。在每组安检通道都有两名安检人员负责人身安全检查，尽管他们平均年龄只有二十七八岁，但其中80%的人患有腰椎间盘突出。"每名安检人员每天至少要为六七百名乘客提供人身安检，弯腰、下蹲千余次。别看这动作简单，做多了可是个体力活儿。"刘金厚如是说，现在一般每个人都要在岗5~6小时才会休息一下，最长时间会持续在岗7小时。仅仅一个多小时，安检人员就查收了14个不符合规定的移动充电器。"这些都是旅客主动扔掉的。"安检人员说，每天他们都会查到各种各样的违禁品，最多的就是打火机和移动充电器。作为保障旅客乘机的一道重要安全屏障，安检人员身兼的责任重大，但有时候一些旅客对他们并不理解，在遇到拦截时对安检人员谩骂甚至动手,面对这种情况,安检人员只能选择默默忍受。虽然遇到很多不公,但安检人员说:"工作辛苦我们不怕,我们就是要严格把关,才能为所有旅客提供安全的出行环境。"

(二)钻研业务,提高技能

职业技能,也可称为职业能力,是人们为了胜任某一种具体职业而必须具备的多种能力的综合。它包括实际操作能力、处理业务能力、技术能力以及相关的理论知识等。

"钻研业务,提高技能"是安检职业道德规范的重要内容。掌握职业技能,是安检人员胜任安检工作岗位的必要条件。安检人员不仅要完成验证、仪器操作、设备维修等技术性工作,还要准确无误地从各式各样的物品中查出危险品和违禁品,这仅靠责任心是不够的,还需要有较强的业务技能。因此,刻苦钻研业务知识,精通业务技能,是每一位安检人员迫在眉睫的紧迫任务。

安检人员提高业务技能应练就以下三个基本功。

1. 系统的安检基础理论学习

安检人员应系统地学习安检基础理论,如安检政策法规理论、民航运输基础理论、飞机构造基础知识、防爆排爆基础理论、法律基础知识、计算机基础知识、常用英语基础知识、心理学基础知识、外事知识、世界各国风土人情和礼节礼仪知识等。

2. 精湛的业务操作技能

在安检工作中,无论是证件检查、人身检查、开箱(包)检查,还是 X 射线机检查、机器故障的检测维修、飞机监护与清查,都是技术密集型的工作,需要安检人员掌握精湛的业务操作技能。因此,每名安检人员都应当做到一专多能,技能上精益求精,努力成为一名岗位技术能手。

3. 灵活的现场应急处置技能

安检现场是成千上万名旅客流动的场所,安检人员常常要面对复杂多变的情况,以及意想不到的突发问题,因此,拥有灵活的现场应急处置能力就显得尤为重要。

| 典型案例 |

兰州中川机场安检员李莉：奋斗的青春最美丽

她是李莉，2010年离开家乡四川，来到兰州中川国际机场工作。她是一位性格坚韧的川妹子，扎根机场奉献第二故乡；她也是一位尽职履责的安检员，勤勤恳恳工作保障旅客平安出行；她更是一名优秀的青年共产党员，在平凡的岗位上奋斗出最美丽的青春。

钻研业务争先进。李莉一直将"学习提升人格魅力、恒心历练精湛技能"作为工作信条。为了能够尽快熟练掌握安检技能，更好地服务于民航安检工作，她经常利用休息时间主动学习特殊案例、特殊图像和异常行为旅客识别知识，参加图像识别和基础业务技能培训。在学习培训过程中，她总是将一些特殊案例与实际工作结合起来，在细小、不被人注意的环节上多下功夫，反复练习，以此来提升自己的业务技能水平。通过孜孜不倦地钻研安检业务知识，她成了岗位业务尖兵，先后代表甘肃省民航机场集团、兰州中川国际机场有限公司参加了安检业务技能大赛，获得了西北地区安检技能大赛"开箱包检查第二名"、全国安检技能大赛"优秀奖"等优异成绩。

大家好才能真的好。作为机场安检站的兼职教员和一名班组长，李莉深知加强队伍建设、提高安检员整体素质对于确保空防安全的重要性，她充分发挥党员模范带头的作用，主动将自己的工作经验和所学、所见毫无保留地分享给同事，并利用工作间隙为新职工和班组成员讲授安检技能知识，帮助他们提高业务水平，帮助他们更好地掌握解决问题的方法，在她坚持不懈的努力下，先后培养出多名青年安检业务能手，她所在的班组也成了安检这一窗口岗位的优质品牌。

恪尽职守保安全。一直以来，李莉始终坚持"安全第一，预防为主"的工作方针，认真履职尽责，严守安全关口，出色地完成了上级交给的各项安全保障任务。2013年7月的一天，她在安检通道执行X射线机判图任务时，一位旅客的行李物品图像显示异常，具有仿真枪和电击器的图像特征，她立即通知开包员对该件行李进行管控，并要求开包员将仿真枪和电击器取出后的行李再次放入X射线机，在随后的判图检查中又发现锋利的水果刀一把，仿真枪使用的气枪子弹一瓶，检查无误后，按照处置程序将该旅客及物品移交机场公安机关处理。由于该旅客携带的违禁品、危险品较多且隐匿性较大，安检部门在了解该事件后对李莉恪守工作职责、保障安全不放松的精神给予了表扬和奖励。8年来，李莉查处违禁品事件300多起，其中子弹65发、警械警具类125起、隐匿携带火种34起、管制刀具76起，她用实际行动保障了旅客和机组人员的生命财产安全。

2015年，李莉被中华全国总工会授予"全国五一巾帼标兵"荣誉称号。2017年，她被选为中国共产党甘肃省第十三次代表大会党员代表。面对荣誉和成绩，李莉没有丝毫的自满和懈怠，"不求轰轰烈烈，但求无愧于心"，作为一名共产党员，她是这样想也是这样做的，满怀着对事业的热爱，本着认真做事、踏实做人的原则，她以"人一之、我十之，人十之、我百之"的精神不断锤炼自己，以一丝不苟、踏实奉献的工作精神，成为安检岗位的标杆和榜样，更成为甘肃民航"巾帼不让须眉"的代表和典范。

（三）遵纪守法，严格检查

遵纪守法是指每位职业劳动者都要自觉遵守职业纪律以及与职业活动相关的法律法规。严格检查是安检人员的基本职责和行为准则，也是确保安全的重要措施。

1. 依法合规检查

在安检过程中，安检人员必须做到依法检查和按照规定的程序进行检查。《中华人民共和国民用航空法》《中华人民共和国民用航空安全保卫条例》（见图3-2）以及民航局有关空防工作的指令和规定，为安检人员进行安全检查提供了法律依据，让安检工作变得有法可依、有章可循。每一位安检人员都要克服盲目性和随意性的不良习惯，强化法律意识，严格依法实施安全检查，学会运用法律武器处理问题，依法办事。

2. 自觉学法用法守法

安检人员应自觉遵守党和国家的各项法律法规以及政策规定，自觉学法用法守法，严守各项纪

图3-2 《中华人民共和国民用航空安全保卫条例》

律，自觉把好权力关、金钱关、人情关，严禁参与社会上各类不法活动，做遵纪守法的模范。

3. 严把安检各个关口

在安检工作中的每一道工序、每一个环节，安检人员都应做到全神贯注，一丝不苟，严把验证、人身检查、行李物品检查、飞机监护这几个重要关口，各个关口层层设防、层层把关，做到万无一失，把各种危险因素堵截在地面上，确保每一架航班的平安起降。

（四）文明执勤，优质服务

"文明执勤，优质服务"是安检人员职业道德规范的一项重要内容，也是民航安检精神风貌的具体体现，充分体现了"人民航空为人民"的宗旨。安全检查的根本任务，就是为旅客服务，安检人员应通过文明的执勤方法，优质的服务形式，来完成这项根本任务。

1. 端正的服务态度

安检人员要带着满腔热情去工作，以主动、热情、诚恳、周到、宽容、耐心的服务态度对待旅客，杜绝冷漠、麻木、高傲、粗鲁、野蛮的恶劣态度。

| 典型案例 |

三亚机场安检人员助旅客寻回金戒指

2019年1月3日，三亚凤凰国际机场安全检查站收到旅客王先生送来的锦旗和感谢信，信中感谢机场安检员董亚丽帮助他找到父母的结婚戒指，赞扬了机场安检人员认真负责的工作态度和真情服务的暖心行为。

2018年12月底的一天，三亚凤凰国际机场安全检查站接到了旅客王先生的来电，王先生称其乘坐由三亚前往长春的航班，在接受安检时自弃了一瓶超量防晒霜，但是他遗忘了瓶盖中还装有一枚金戒指。据该旅客描述，这枚金戒指是其父母的婚戒，意义重大，因怕在旅途中弄丢戒指，便将戒指保存在了防晒霜的瓶盖中。

安全检查站相关负责人了解情况后，随即组织人员调阅录像。机场安检员董亚丽得知消息后，在戒指可能丢失的区域不断耐心寻找，历过一个半小时的搜寻后，最终在垃圾站的角落找到了旅客丢失的戒指。当晚12点，旅客王先生到达长春后，得知戒指已经找到的好消息，当即表示要给三亚凤凰国际机场安全检查站赠送锦旗表示感谢。

三亚凤凰国际机场将"视旅客为亲人、朋友、老师"的服务理念贯穿于各项工作之中，始终坚持以旅客为导向，高度关注旅客的需求与期望，用最"走心"服务收获最"真心"的回应。

2. 规范化的服务

安检人员在执勤时，应做到心灵美、语言美、姿态美、行为美，设身处地地为旅客着想，急旅客所急，忧旅客所忧，树立起旅客至上、助人为乐的行业新风尚，为旅客提供规范化的服务。

| 知识角 |

璀璨安检梦，闪耀劳动美

文明执勤、优质服务是安检人员必须具备的基本素质，要真正做到文明执勤，安检人员的"四美"可少不了。

1. 心灵美

安检人员要做到文明执勤、优质服务，首要条件就是塑造自身的美好心灵。捧一颗真诚的心，全心全意地为旅客服务。要视旅客为亲人，一切为了旅客，做到接待旅客有诚心、服务旅客有热心、遇到麻烦有耐心、帮助解难有真心，用真诚取得旅客和社会的信任、理解和支持，塑造安检人员文明美好的良好形象。

2. 语言美

美好的语言体现了美好的心灵，也体现了文明执勤的水平。安检人员成年累月在一线岗位工作，整天与不同身份和不同层次的旅客接触，大量的工作往往要通过语言与旅客进行沟通。为了优化文明执勤用语，架起安检人员与旅客心灵上相互理解与信任的桥梁，通常要做到以下几点：一是旅客到来要有问候声；二是旅客离开要有告别声；三是服务不周时要有道歉声；四是受到表扬时要有致谢声。

3. 姿态美

执勤姿态是文明执勤外在的举止行为表现，不同的执勤姿态反映了不同的执勤形象。安检人员作为民航窗口形象的化身，每一个行为举止都会及时在人们的思想上折射出对民航形象的烙印，因此，安检人员应自觉养成规范的执勤姿态。一是站立姿态要端正，二是坐时姿态要平稳，三是走路姿态要自然，四是检查动作要规范准确。这四种姿态要协调一致、统一规范。安检人员要通过自己的细微举止姿态，给旅客留下美好的印象（见图3-3）。

图3-3 姿态美

4. 行为美

执勤行为美，就是要求安检人员用自己热情的服务，帮助旅客排忧解难，为旅客送温暖献爱心，努力为旅客创造安全便利的安检环境。安检部门还可以结合自身的特点、优势，开展形式多样和内容丰富的优质文明服务，让旅客踏进安检现场犹如春风扑面，感受到宾至如归的环境氛围。

3. 严格检查与真情服务的辩证统一关系

有人认为严格检查与真情服务之间是有冲突的，鱼与熊掌不可兼得。其实这种观点是错误的，严格检查与真情服务实际上是辩证统一的关系。在这两者中，检查是手段，服务是目的。安检人员严格检查，维护的是公共安全和大多数人的利益，从根本上来说是对广大人民群众的真情服务。

安检工作人员应该认识到严格检查与真情服务之间的辩证关系，在严格检查的同时，用文明的执勤姿态、举止、语言和行为为旅客真情服务，努力塑造民航安检的文明形象，从而赢得社会的信赖与支持。

（五）团结友爱，协作配合

"团结友爱，协作配合"是处理职业内部人员之间，以及协作单位之间关系的职业道德规范，是以集体主义为道德原则的具体体现，也是建立"平等、友爱、互助、协作"新型人际关系，增强整体合力的重要保证。

针对安全检查这一特殊的职业来说，只有加强安检人员之间的团结协作，促进安检队伍与外部友邻单位的紧密联系，深化纵向、横向系统的广泛交往，形成团结互助、密切联系的纽带，才能将空防安全建设成为一道坚不可摧的钢铁防线。按照社会主义职业道德规范的要求，安检人员在讲团结协作时应划清以下几个界限。

1. 顾全大局与本位主义的界限

要坚决反对本位主义的不良影响，遇事时不能只考虑本位主义，而应从全局、整体利益的角度认识和处理问题，这样才能获得真正的长远的团结。

| 知识角 |

本位主义

本位主义，指在处理单位与部门，整体与部分之间的关系时只顾自己或者小团体，而不顾及整体利益，对别部、别地、别人漠不关心的思想作风或行为态度和心理状态。

2. 集体主义与小团体主义的界限

从表面来看，小团体主义也是为了集体，但它与集体主义有着本质的区别。集体主义的出发点和落脚点是集体利益，坚持集体利益高于个人利益。而小团体主义的出发点和落脚点是一切以自己的小团体利益为中心，不注意集体利益的狭隘主义，是本位主义的延伸与发展。

3. 互相尊重协作与互相推诿扯皮的界限

互相尊重协作是建立在平等互信的关系之上的，也是团结的基础，而互相推诿扯皮则是典型的个人主义和自由主义的体现，这样只能破坏团结，导致大家离心离德。

4. 团结奋进与嫉贤妒能的界限

团结奋进是团结的最终目标，只有通过团结形成强有力的整体，才能不断地开拓进取。相反，嫉贤妒能是涣散团结、分裂团结的腐蚀剂，要坚决抵制这种消极无为的现象，并运用各种方式形成强有力的舆论力量加以制止。

三、安检人员职业道德养成的基本途径

（一）抓好职业理想信念的培养

安检人员树立良好的职业理想信念，是职业道德养成的思想基础。要坚持用马克思主义道德观和中国特色社会主义理论武装头脑，树立正确的职业理想信念，把个人的人生观、价值观、幸福观与民航安检事业统一起来，立志为空防安全而奋斗。

（二）注重职业道德责任的锻炼

所谓职业道德责任，是指从事某种职业的个人对社会、集体和服务对象所应承担的社会责任和义务。忠于职守、尽职尽责是安检职业道德责任的具体表现。只有建立职业道德责任制，加强安检人员职业道德责任的锻炼，将安检人员职业道德责任落实到岗位、个人，贯穿到安检工作全过程，形成层层落实的责任机制，职业道德规范才能逐步变成每位安检人员的自觉习惯，高度的职业道德责任才能在安检人员的心中逐步扎根。

（三）加强职业纪律的培养

职业纪律是指在特定的职业活动范围内从事某种职业的人们必须共同遵守的行为准则，其特点是具有明确的规定性和一定的强制性。职业纪律是职业道德养成的必要手段，也是保证职业道德成为人们行为规范的有效措施。建立一套严明的安检职业纪律约束机制，培养令行禁止的职业纪律，是加强安检人员职业道德养成的重要途径。

对自觉遵守职业道德且成效显著的安检人员要大力地给予表彰宣扬，对职业道德严重错位失范，影响恶劣的安检人员，除进行必要教育引导外，还要视情节给予纪律处罚，充分发挥职业纪律的惩戒教育和强制约束的作用。

（四）强化职业道德行为的修养

职业道德行为的修养，是指安检人员按照职业道德基本原则和规范，在安检工作中所进行的自我教育、自我锻炼、自我改造、自我完善，使自己形成良好的职业道德品质。

职业道德的养成，一方面靠他律，即社会的培养和组织的教育；另一方面则取决于自己的主观努力，即自我修养。两个方面缺一不可，而且后者更加重要。因此，每位安检人员都应自觉以职业道德规范检查自己的言行，特别是在无人监督的情况下，更要自觉注意自己的言行，严格约束自己。

任务三　安检人员的礼仪规范

安检人员的基本规范主要包括执勤规范、仪容仪表规范、着装规范、礼貌规范及安检各岗位的规范用语等。

一、安检人员的执勤规范

安检人员在执勤时，应当遵守下列规定。

（1）执勤前不吃有异味的食品，不喝酒；执勤期间不吸烟，不吃零食。

（2）尊重旅客的风俗习惯，对旅客的穿戴打扮不取笑、不评头论足，遇事不围观。

（3）态度和蔼，检查动作规范，不得推拉旅客。

（4）爱护旅客的行李物品，检查时轻拿轻放，不乱翻、乱扔，检查完后主动协助旅客整理好受检物品。

（5）按章办事，耐心解答旅客提出的问题，不得借故训斥、刁难旅客。

二、安检人员的仪容仪表规范

安检人员在执勤中,应仪容整洁(见图3-4),具体规范如下。

(1)发型自然大方,不留奇怪发型。男性安检人员不得留长发、胡须、大鬓角,女性安检人员不得在工作期间披发过肩。

(2)面部不浓妆艳抹,不戴奇异饰物。

(3)讲究卫生,仪容整洁,指甲不能过长或藏有污垢,严禁在手背上纹字纹画。

图3-4 仪容仪表

三、安检人员的着装规范

安检人员执勤时必须穿着安检制服,并遵守下列规定。

(1)按规定缀钉、佩戴安检标志、领带(领结)、帽徽、肩章。

(2)按规定着制式服装,服装样式由民航局统一规定,冬制服、夏制服不得混穿,便服与制服不得混穿。

(3)换季时应统一着装,换装时间由各安检部门自行规定。

(4)应着黑色、深棕色皮鞋,禁止穿拖鞋、布鞋等。

(5)着装应当整洁,不准披衣、敞怀、挽袖、卷裤腿、歪戴帽子,不准在安检制服外罩便衣,戴围巾。

(6)只能佩戴国家和上级部门统一制发的证章、证件和工号。

| 新闻台 |

追忆那些年我们见过的安检制服

2016年4月,"白云安检"在成立24周年之际展开了新一轮的全面换装,充分展示其新形象。细数那些年我们看到过的机场安检制服,透过"安检戎装"的变迁,来了解"白云安检"的前世今生。

1. 安检转制前

20世纪80年代,机场安检工作由武警边防部队承担。那时的安检人员都是武警战士,安检制服为浅绿色的上衣,带黄色裤边的军绿色裤子,肩头有深红色醒目的肩章。

2. 安检成立初期

20世纪90年代初,安检工作移交民航部门。1992年,随着民航体制的改革,机场开始独立实行企业化运作,"白云安检"从此成为白云机场一块响当当的金字招牌。此时安检制服的肩章、臂章脱胎于武警制服,款式与民航其他岗位的工作制服区别不大。

3. 第一代安检制服

1994年,白云机场安检站在全国民航首创第一套安检制服,并获得了当时中国民用航空总局的认可与推广,全国各地机场安检由此换上了第一代专属的安检制服。这套制服分为春秋、冬、夏三款,设计呈中性,上身均为白衬衣,男性安检员搭配深蓝色的裤子,女性安检员则搭配过膝直筒裙,男女统一打黑色直领带,胸前佩戴小长条形的工号牌,肩章为小三角形徽标。

4. 第二代安检制服

1999年,中国民航总局统一设计了第二代安检制服,各地机场参照定制,但在一些具体细节上各地可以因地制宜地做调整,逐步彰显个性化。因此,白云安检取消了胸前的工号牌,"安检"字样的臂章也被固定缝制在衣服上,这样更方便旅客辨别安检、边检和海关的不同。肩章改为套入式,根据职务的不同,横杠数也有所区别。女装蓝色蝴蝶结领花改成了简洁的条纹水滴形,威严中不失柔美。冬装更加考究,采用双排扣设计,略有英伦风。

5. 第三代安检制服

第三代安检制服使用的时间较短，改良的细节也较少，主要是将冬装外套的双排扣设计改回了单排扣。

6. 第四代安检制服

2008年，白云机场对安检制服进行了一次微调，设计出"白云安检"字样的胸徽，并缝制在制服的右前胸。至此，"白云安检"这块享誉全国民航的安全品牌已经清晰浮出"水面"。

7. 第五代安检制服

为适应安全工作的需要，更好地展示员工的良好形象，"白云安检"在保持与同行业制服格调基本一致的基础上，结合南方气候特点和岗位需要，广泛征求一线员工的意见，对款式、材质及用料等进行了为期一年多的调整。第五代安检制服于2016年5月初全面亮相。新一代的制服个性鲜明，以严谨专业的黑色为主调，融入持续安全理念，搭配裙装、裤装和皮靴，更加简洁利落，彰显出安全保障工作严谨、规范、踏实、厚重等个性特质。

机场安检人员的制服随着时间的流逝，为顺应时代的要求不断发生着变化，每套制服的演变史同样是安检人的成长史，全面换装的"白云安检"正以全新的精神面貌展现出民航安检工作的神圣与威严！

四、安检人员的礼貌规范

（一）礼貌用语

在安全检查工作中，安检人员应自觉使用执勤礼貌用语，热情有礼，不说服务忌语，做到"请"字开头，"谢"字结尾。注意运用"您好""请""谢谢""对不起""再见"等文明用语。

| 知识角 |

安检人员的忌语示例

在安检工作中，安检人员要谨记服务要领：尊重旅客、礼貌待人、接受监督，不能使用职业忌语，如"不清楚""不知道""不行""不对""这不关我的事""没看见我正在忙吗""这事不归我管""有完没完""现在才说,早干什么了""等会儿,我现在没空""你没听明白啊",等等。

(二)礼节礼貌规范

礼节礼貌是表达对旅客敬意的一种方式,在安检现场常用到的礼节礼貌规范通常有以下几种。

(1)问候礼:问候时要力戒刻板,问候方式应根据不同国家、地区、风俗习惯而定。

(2)称谓礼:称谓要切合实际,对不同性别、年龄、身份、地位、职务的对象要有不同内容的称呼。

(3)迎送礼:接送外宾及重要旅客时,要热情得体、落落大方,通常用握手、鞠躬、微笑、注目礼迎送。

礼仪礼节在不同国家与民族的表现形式各不相同,实施原则也应区别对待,各有侧重。例如,在印度、泰国、柬埔寨、缅甸等信奉佛教的东南亚国家,见面时通常行合十礼(又称合掌礼),双手手掌对合于胸前,十指并拢,并微微弯腰顿首以此表示敬意;在日本,鞠躬礼是见面和分手时的必行之礼,行礼时身体前倾弯曲,两手垂在体侧;在巴西,贴面礼是其常见的见面礼仪,行礼时双方互贴面颊,同时口中发出表示亲热的亲吻声。

| 知识角 |

礼节实施的原则

在什么场合实施什么礼节,应遵循以下几条原则。

一是以我为主,尊重习惯。日常接待中,要以我国的礼节方式为主,特殊情况下尊重宾客的礼节习惯。

二是不卑不亢,有礼有节。在宾客面前要保持一种平和心态,不因地位高低而态度有别,应彬彬有礼而又不失大度。

三是不与旅客过于亲密,要有内外之分,公私分明,坚持原则。

四是不过分烦琐,应简洁明了。以简洁大方为适度,不要过分殷勤而有损安检形象，对待老幼病残孕者要给予特殊照顾，使安检窗口成为文明执勤的窗口、礼节规范的窗口、旅客满意放心的窗口。

五、安检人员的岗位规范用语

（一）验证岗位规范用语

（1）您好，请出示您的身份证（或相关有效证件）、机票和登机牌。

（2）对不起，您的证件与要求不符，我需要请示，请稍等。

（3）谢谢，请拿好您的证件往里走。

（二）前传岗位规范用语

（1）请各位旅客按次序排好队，准备好身份证件、机票和登机牌，准备接受安全检查。

（2）请将您的行李依次放在传送带上；请往里走（配以手势）。

（3）请将您身上的香烟、钥匙及其他金属物品放入托盘内。

（4）请稍等、请进。

（三）人身检查岗位规范用语

（1）先生（小姐），对不起，安全门已经报警了，请您接受人身检查。

（2）请脱下您的帽子。

（3）请微抬双臂，请转身。

（4）请问这是什么东西？您能打开给我看看吗？

（5）检查完毕，谢谢合作。

（6）请收好您的物品。

（四）开（箱）包检查岗位规范用语

（1）对不起，这个包需要检查，请您打开一下。

（2）对不起，这是违禁物品，按规定不能带上飞机，请将证件给我，给您办理手续。

（3）对不起，此物品您不能随身带上飞机，您可交给送行人带回或者办理托运手续。

（4）检查完毕，谢谢合作，祝您旅途愉快。

| 项目实训 |

优质服务我来谈

案例：

2018年6月13日12时许，旅客陈女士在石家庄正定国际机场接受安全检查过程中，安检人员告知其手机需要放入托盘中过检。在陈女士未听从告知的情况下，安检人员从旅客手中拿过手机放入托盘内，陈女士质疑安检人员动作粗鲁，称安检人员从其手中抢过手机扔进托盘，造成其手机屏幕受损，随后双方发生争执。现场监控显示，在争执过程中，双方都没有很好地控制个人情绪，当事安检员在面对旅客语言冲击时，没有很好地控制个人情绪，做出了与其岗位身份不相符的行为。

旅客陈女士言语激动，不顾安检人员劝阻，在安检通道内录像，并在安检通道滞留40多分钟，对安检现场秩序造成一定影响。最后，在机场公安机关的要求下，陈女士将违规在安检通道内录制的视频删除。

事发后，安检部门值班队长第一时间在现场与陈女士进行沟通、解释，安抚陈女士的情绪，并与其共同查看了手机情况，确认是手机屏幕保护膜出现裂痕。随后陈女士同意对其手机保护膜费用进行赔偿的提议，接受了赔偿金以及当事安检员的道歉后离开了安检现场。

针对当事安检员在事件处理中的不当行为，安检部门对其做出停职检查、待岗培训的处理。

实施步骤：

步骤一：请同学们自由分组，5个人为一组。

步骤二：分组讨论，每个小组说一说案例中的安检人员在工作中的不妥之处，谈一谈自己对安检人员职业道德规范的理解，以及在安检工作中安检人员文明执勤、优质服务的必要性。

步骤三：讨论结束后，每组选派一位代表上台，分享本组的讨论结果。

项目评价：

请根据表3-1对上述任务实施的结果进行评价。

表 3-1　任务实施检测

评价内容	分值	评分	备注
掌握安检人员职业道德规范的基本要求	30		
掌握安检人员职业道德规范的基本内容	30		
能够结合案例阐述自己的观点	30		
学生积极参与，气氛热烈	10		

项目学习效果综合测试

一、单项选择题

1. 安检人员职业道德规范是安检人员处理好（　　）各种关系的行为准则。

   A. 文明服务中　　　　　　　　B. 职业活动中

   C. 安检勤务中　　　　　　　　D. 岗位工作中

2. 每位安检人员必须牢牢树立（　　），坚决克服松懈、麻痹等心理，保持高度警惕的精神状态，力争将各种不安全的隐患及时消灭在萌芽状态。

   A. 风险忧患意识　　　　　　　B. 安全责任意识

   C. 文明服务意识　　　　　　　D. 敬业奉献意识

3. 根据民航安检工作的行业特点，不属于安检职业道德规范基本内容的是（　　）。

   A. 爱岗敬业　　　　　　　　　B. 忠于职守

   C. 钻研业务　　　　　　　　　D. 提高能力

4. 安检人员在安检过程中，必须做到（　　）和按照规定的程序进行检查。

   A. 严格检查　　　　　　　　　B. 依法办事

   C. 依法检查　　　　　　　　　D. 严格规定

5. 安检人员执勤时，在安检制服的着装规范中不包括（　　）。

   A. 按规定佩戴安检标志　　　　B. 冬、夏制服不得混穿

   C. 天冷可戴与制服同色的围巾　D. 着黑色、棕色等深色皮鞋

6.安检人员的礼节礼貌，通常是在安检现场的各种情况下操作使用，以表达对（　　）。

A.旅客的谢意　　　　　　B.旅客的好感
C.旅客的好恶　　　　　　D.旅客的敬意

二、填空题

1.所谓职业道德，就是人们在进行职业活动过程中，一切符合职业要求的心理意识、_____和行为规范的总和。

2.职业道德有助于维护和提高本行业的_____。

3.爱岗敬业、_____是安检人员最基本的职业道德。

4.掌握_____，是安检人员胜任安检工作岗位的必要条件。

5.安检人员执勤时按规定着制式服装，服装样式由_____统一规定。

6.安检现场常用到的礼节礼貌规范主要有问候礼、_____和迎送礼。

三、简答题

1.职业道德的特点是什么？
2.安检人员职业道德规范的基本要求有哪些？
3.简述安检人员职业道德规范的基本内容。
4.简述安检人员的执勤规范。
5.简述安检人员的着装规范。

项目四　物品检查

◆ 项目导读

民航安全检查中最重要的环节之一就是物品检查。物品检查是一个识别危险源、发现隐患的过程，它关系到航空器和旅客的生命财产安全，安检人员只有掌握物品检查的基础知识，不断提高自身的业务技能和识别危险源的能力，才能更好地避免安全事故的发生。本项目主要讲解了旅客乘机时随身携带及托运物品的相关知识。

◆ 知识目标

1. 了解禁止旅客随身携带和托运物品的相关知识。
2. 了解旅客限制随身携带或托运物品的相关知识。

◆ 技能目标

1. 能够识别禁止旅客随身携带和托运的物品、枪支等武器（含主要零部件）。
2. 能够识别限制随身携带或托运的物品，禁止随身携带但可以作为行李托运物品。

│情景导入│

酒精伪装矿泉水蒙混过安检，不料被查出

2016年8月15日早上8点左右，在广州白云国际机场国内B区安检通道，旅客唐先生将自己的行李放在X射线机上进行安全检查，当行李通过X射线机扫描时，图像显示有两瓶矿泉水的特征，但图像颜色与矿泉水略有差异，细心的开机员立即通知开包人员对唐先生的行李进行开包检查，并提醒开包员注意是否为易燃物品。

开包员请旅客唐先生取出两瓶"矿泉水"进行检查，唐先生怕露出破绽，谎称

是在机场买的矿泉水,可以"试喝一口",认真的开包员拿起一瓶后,晃动了一下,看到瓶内涌出大量气泡,觉得有异样,在征得旅客唐先生同意后打开了瓶盖,瞬间一股浓烈的酒精味扑鼻而来。看到事情败露,唐先生支支吾吾,只得如实相告。

原来,旅客唐先生是位"有心人",在朋友那里听说将酒精灌入矿泉水瓶子可蒙混过安检,便信以为真,觉得这个"点子"非常"实用",不曾想过安检时被细心的安检人员迅速查出。

任务一　民航旅客禁止随身携带和托运物品的相关知识

一、枪支类武器

枪支类武器是指能够发射弹药(包括弹丸及其他物品)并造成人身严重伤害的装置(见图4-1)或者可能被误认为是此类装置的物品,主要包括以下几种。

(1)军用枪、公务用枪,如手枪、步枪、冲锋枪、机枪、防暴枪。

(2)民用枪,如气枪、猎枪、射击运动枪、麻醉注射枪。

图4-1　弹夹

(3)其他枪支,如道具枪、发令枪、钢珠枪、境外枪支以及各类非法制造的枪支。

(4)上述物品的仿真品。

|知识角|

仿真枪认定标准

公安部《仿真枪认定标准》(公通字〔2008〕8号)是根据《中华人民共和国枪

支管理法》《枪支致伤力的法庭科学鉴定判据》《公安机关涉案枪支弹药性能鉴定工作规定》(公通字〔2001〕68号)以及《国家玩具安全技术规范》的有关规定制定的。

(1) 根据《仿真枪认定标准》，凡符合以下条件之一的，可以被认定为仿真枪。

符合《中华人民共和国枪支管理法》规定的枪支构成要件，所发射金属弹丸或其他物质的枪口比动能小于1.8焦耳/平方厘米(不含本数)、大于0.16焦耳/平方厘米(不含本数)的。

具备枪支外形特征，并且具有与制式枪支材质和功能相似的枪管、枪机、机匣或者击发等结构之一的。

外形、颜色与制式枪支相同或者近似，并且外形长度尺寸介于相应制式枪支全枪长度尺寸的1/2与一倍之间的。

(2) 枪口比动能的计算，按照《枪支致伤力的法庭科学鉴定判据》规定的计算方法执行。

(3) 术语解释。

制式枪支：国内制造的制式枪支是指已完成定型试验，并且经军队或国家有关主管部门批准投入装备、使用(含外贸出口)的各类枪支。国外制造的制式枪支是指制造商已完成定型试验，并且装备、使用或投入市场销售的各类枪支。

全枪长度：是指从枪管口部至枪托或枪机框(适用于无枪托的枪支)底部的长度。

| 典型案例 |

喀什机场安检站查获"92式"教练枪一把

2016年3月14日14时左右，喀什机场安检站在执行安全检查时，安检人员在一名男性旅客的托运行李中发现一支疑似手枪。此时正是喀什机场的午间高峰时段，开机员在X射线机显示屏上发现手枪式图案，便立即通知开包员将此包控制并进行开包检查。随后，这名男性旅客对开包员出示了警官证，称自己是警校的一名教官，同时告诉开包员，此枪为92式手枪的教练枪，并不是真的手枪。经开包检查开包员确认此枪从外观、部件、重量等方面看，均和92式手枪吻合，且该旅客未能出示持枪证，安检人员报告值班领导后将这名旅客移交机场公安机关。机场公安机关在确认该旅客的身份是警务人员后,将这支教练枪与92式手枪进行比对,发现的确存在一定的区别。

二、爆炸或者燃烧物质和装置

爆炸或者燃烧物质和装置是指能够造成人身严重伤害或者危及航空器安全的爆炸或燃烧装置(物质)或者可能被误认为是此类装置(物质)的物品,主要包括以下几种。

(1)弹药,如炸弹、手榴弹、照明弹、燃烧弹、烟幕弹、信号弹、催泪弹、毒气弹、子弹(铅弹、空包弹、教练弹)。

(2)爆破器材,如炸药、雷管、引信、起爆管、导火索、导爆索、爆破剂。

(3)烟火制品,如烟花爆竹、烟饼、黄烟、礼花弹。

(4)上述物品的仿真品。

| 典型案例 |

黄山机场查获"M-84震撼弹"

2016年10月2日,黄山屯溪国际机场安检站在执行检查任务时,开机员发现一位旅客随身行李内有移动电源类物品成像特征,遂发出开箱指令,要求进一步开箱检查。开包员在行李底部取出了一个手雷样式的物品,中部弹体部位嵌入一个长10厘米、半径0.5厘米无任何标识的圆柱形移动电源。

经确认,该物品为高仿美国警用"M-84震撼弹"外形的移动电源。M-84震撼弹是一种制造强烈闪光和巨大噪声的非杀伤性手榴弹,爆炸时可使人瞬间失明、失聪,常被用于封闭空间内的反恐行动。该移动电源外壳虽由橡胶制成,但无论大小、外形、颜色,都与M-84震撼弹十分相似,制造逼真。

该名旅客为高校学生,也是一名军事爱好者,经安检人员解释枪弹仿制品及移动电源的航空运输规定后,旅客主动做了自弃处理。这也是黄山屯溪国际机场安检站首次查获高仿枪弹类制品移动电源。

三、管制刀具

管制刀具是指能够造成人身伤害或者对航空安全和运输秩序构成较大危害的管

制器具，主要包括以下几种。

（1）管制刀具，如匕首、三棱刮刀、带有自锁装置的弹簧刀或是跳刀、其他相类似的单刃、双刃、三棱尖刀，以及其他刀尖角度大于60°且刀身长度超过220毫米的各类单刃、双刃、多刃刀具。

（2）军警械具，如警棍、警用电击器、军用或是警用的匕首、手铐、拇指铐、脚镣、催泪喷射器。

（3）其他属于国家规定的管制器具，如弩。

| 知识角 |

管制刀具认定标准

公安部关于印发《管制刀具认定标准》的通知（公通字〔2007〕2号），管制刀具的认定标准如下。

（1）凡符合下列标准之一的，可以被认定为管制刀具。

①匕首：带有刀柄、刀格和血槽，刀尖角度小于60°的单刃、双刃或多刃尖刀。

②三棱刮刀：具有3个刀刃的机械加工用刀具。

③带有自锁装置的弹簧刀（跳刀）：刀身展开或弹出后，可被刀柄内的弹簧或卡锁固定自锁的折叠刀具。

④其他相类似的单刃、双刃、三棱尖刀：刀尖角度小于60°，刀身长度超过150毫米的各类单刃、双刃和多刃刀具。

⑤其他刀尖角度大于60°，刀身长度超过220毫米的各类单刃、双刃和多刃刀具。

（2）未开刀刃且刀尖倒角半径R大于2.5毫米的各类武术、工艺、礼品等刀具不属于管制刀具范畴。

（3）少数民族使用的藏刀、腰刀、靴刀、马刀等刀具的管制范围认定标准，由少数民族自治区（自治州、自治县）人民政府公安机关参照本标准制定。

（4）术语说明。

①刀柄：指刀上被用来握持的部分。

②刀格（挡手）：指刀上用来隔离刀柄与刀身的部分。

③刀身：指刀上用来完成切、削、刺等功能的部分。

④血槽：指刀身上的专用刻槽。

⑤刀尖角度：指刀刃与刀背（或另一侧刀刃）上距离刀尖顶点 10 毫米的点与刀尖顶点形成的角度。

⑥刀刃（刃口）：指刀身上用来切、削、砍的一边，一般情况下刃口的厚度小于 0.5 毫米。

⑦刀尖倒角：指刀尖部所具有的圆弧度。

| 典型案例 |

带这样的刀具乘机，你是在查验安检的水平吗？

2016 年 8 月 19 日 9 时许，正值厦门高崎国际机场安检高峰期时段，安检工作正在紧张而有序地进行，安检人员认真仔细地检查每一位过检的旅客及其行李物品。

在安检 H 通道，安检人员检查旅客章某时，先是在人身检查时发现章某的腰带有异常——这是一条全金属制品的腰带，其腰带头看上去比正常金属腰带头要厚重许多。为了进一步确认，安检人员让章某将腰带取下来检查，当章某把腰带完全取出后，安检人员发现这个腰带上面有螺母，里面暗藏了一把金属刀具，做工精细，隐蔽性高，如果不是之前部门有专门培训识别过此类违禁品，安检人员真的很难一眼识别它的真面目！

然而这并没有结束，在章某的随身行李进行过机检查时开机员同样也发现了异常，图像显示在其包内的钥匙串上面发现疑似刀具，为了确保安全，开包员进行了开包检查，真是不查不知道，一查吓一跳！一把钥匙的真身竟然是一把折叠的刀！这种隐蔽性极高的违禁物品如果不是通过 X 射线机识别，仅凭人的肉眼是很难识别出其异常的。

这种一人带两件不同伪装且极其隐蔽刀具的情形是非常可疑的，安检人员不敢怠慢，随即对章某进行了有效控制，并立即通知值班领导，对其人身及其行李物品进行二次重点检查。检查没有其他异常后，章某由值班领导移交机场公安机关处理。

四、危险物品

危险物品是指能够造成人身伤害或者对航空安全和运输秩序构成较大危害的物品，主要包括以下几种。

（1）压缩气体和液化气体，如氢气、甲烷、乙烷、丁烷、天然气、乙烯、丙烯、乙炔（溶于介质的）、一氧化碳、液化石油气、氟利昂、氧气、二氧化碳、水煤气、打火机燃料及打火机用液化气体。

（2）自燃物品，如黄磷、白磷、硝化纤维（含胶片）、油纸及其制品。

（3）遇湿易燃物品，如金属钾、钠、锂、碳化钙（电石）、镁铝粉。

（4）易燃液体，如汽油、煤油、柴油、苯、乙醇（酒精）、丙酮、乙醚、油漆、稀料、松香油及含易燃溶剂制品。

（5）易燃固体，如红磷、闪光粉、固体酒精、赛璐珞、发泡剂。

（6）氧化剂和有机过氧化物，如高锰酸钾、氯酸钾、过氧化钠、过氧化钾、过氧化铅、过氧乙酸、过氧化氢。

（7）毒害品，如氰化物、砒霜、剧毒农药等剧毒化学品。

（8）腐蚀性物品，如硫酸、盐酸、硝酸、氢氧化钠、氢氧化钾、汞（水银）。

（9）放射性物品，如放射性同位素。

| 典型案例 |

美丽标本无缘与主人一同登机，你知道是为什么吗？

"从来没有见过这么美的鱼儿！"开包员小杨发出一声惊叹，是什么东西让小杨如此感叹呢？

2016年12月31日，在广州白云国际机场B区安检通道，开包员小杨接到开机员的开包指令，正在过检的背包内有一个玻璃瓶需要打开检查。开包员小杨在征得背包主人李小姐的同意后，从其包内取出了玻璃瓶。玻璃瓶里面是一条非常精致的鱼标本，这条鱼全身透明，可以很清晰地看到紫色鱼骨，鱼标本被一些液体泡在玻璃瓶内，非常漂亮。经了解这是李小姐在旅游时看到的，觉得标本很漂亮，就打算买回去作为纪念品。小杨向李小姐解释，玻璃瓶内装的是类似福尔马林的防腐液体，此类液体属于易燃、有毒液体，是不能随身携带或是作为托运行李上机的。最后，李小姐只能把该物品做自弃处理。

五、其他物品

其他物品是指其他能够造成人身伤害或者对航空安全和运输秩序构成较大危害的物品，主要包括以下几种。

（1）传染病原体，如乙肝病毒、炭疽杆菌、结核分枝杆菌、艾滋病病毒。

（2）火种（包括各类点火装置），如打火机（见图4-2）、火柴、点烟器、镁棒（打火石）。

图4-2 打火机

| 知识角 |

乘机旅客随身携带火种的规定

根据2008年4月7日中国民用航空局发布的《关于禁止旅客随身携带打火机火柴乘坐民航飞机的公告》（民航〔2008〕3号），对旅客随身携带打火机、火柴作如下规定。

禁止旅客随身携带打火机、火柴乘坐民航飞机；禁止旅客将打火机、火柴放置在手提行李中运输；禁止旅客将打火机、火柴放置在托运行李中运输。

旅客在办理乘机手续时，要严格遵守以上规定。对于违反上述规定的，民航公安机关将根据情节，依照国家有关法律、法规进行严肃处理。由此造成的其他后果，由旅客自行承担。

2015年9月2日，中国民航局发布《关于旅客携带打火机火柴乘坐民航飞机法律责任告知书》，重申旅客违规携带火种的法律责任："旅客不得随身携带或在手提行李、托运行李中运输打火机、火柴。如您随身携带的手提行李或托运行李中有打火机、火柴的，请您取出并自行处置。否则，您可能面临公安机关5000元以下罚款、拘留等行政处罚。由此造成的其他损失，由您自行承担。"

典型案例

旅客手戴"手链式"镁棒被景德镇机场安检查获

2018年5月12日晚,景德镇罗家机场安检部门正在进行安全检查。安检人员在对一名旅客进行人身检查时,发现该名旅客手腕上佩戴多种饰品,有手表、手串和一根粗绳编织的手链。

在对饰品进行逐一确认的过程中,安检人员发现手链存在疑点,这名旅客所戴手链较为奇特,链体为布质材料,但是链头部分为金属材质。安检人员没有放松警惕,经过仔细检查发现链头部位有金属擦痕,该擦痕与日常检查中所查获的镁棒擦痕相似。于是,安检人员要求旅客取下手链进行检查,该旅客称其只是一种户外用品,并无危险性。但当安检人员将链头两端相互摩擦后随即产生火花,确认该物品为"手链式"镁棒(见图4-3)。

随后,安检人员告知该名旅客"手链式"镁棒属于火种,禁止随身携带或办理托运携带上飞机,经过解释,该名旅客最后同意将镁棒做了自弃处理。

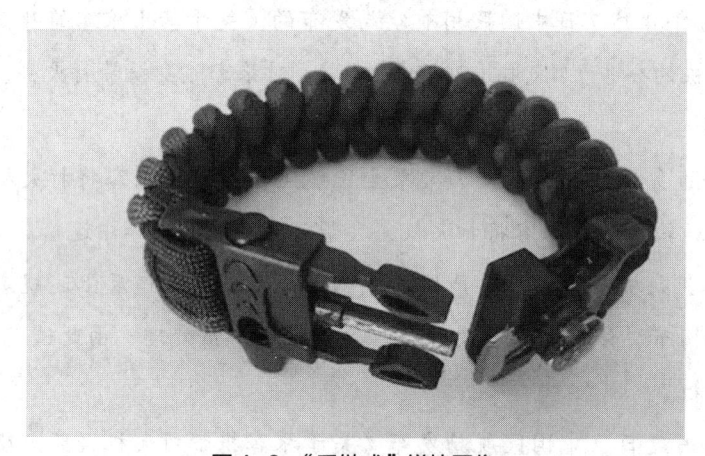

图4-3 "手链式"镁棒图像

(3)额定能量超过160Wh的充电宝、锂电池(电动轮椅使用的锂电池另有规定)。

(4)酒中含乙醇的体积百分比大于70%的酒精饮料。

(5)强磁化物、有强烈刺激性气味或者容易引起旅客情绪恐慌的物品以及不能判明性质可能具有危险性的物品。

除上述几类物品外，国家法律、行政法规、规章规定的其他禁止运输的物品也在民航旅客禁止随身携带和托运的物品之列。

| 新闻台 |

"榴梿控"注意：榴梿不能陪您坐飞机

榴梿是一种具有特殊香气的水果，喜欢吃的人觉得它是天下美味，不喜欢吃的人觉得它臭不可闻。由于气味刺激，榴梿是不允许携带上飞机的。

日前，旅客王先生的随身行李在通过X射线机检查时被发现携带了一个榴梿。开机员立马向开包员发出开包指示。当开包员小欢向旅客解释榴梿是不允许携带乘机时，王先生很不理解并向小欢发了火。他表示自己已用报纸严实地包了十多层，别人根本闻不到榴梿的味道。小欢只好耐心地向王先生解释相关的规定和缘由，由于飞机客舱是密封的，在这种情况下，榴梿散发出来的气味会给其他旅客或患有呼吸道疾病的旅客造成不适，希望王先生能够理解。最后，王先生放弃了携带榴梿乘机，与同行的几位朋友到安检通道外将这将近十斤重的榴梿解决掉。

任务二　民航旅客限制随身携带或托运物品的相关知识

一、禁止随身携带但可以作为行李托运的物品

（一）锐器

该物品带有锋利边缘或是锐利尖端，由金属或其他材料制成、强度足以造成人身严重伤害的器械，主要包括以下几种。

不能随身携带的物品

（1）日用刀具（刀刃长度大于6厘米），如菜刀、水果刀、剪刀、美工刀、裁纸刀。

（2）专业刀具（刀刃长度不限），如手术刀、屠宰刀、雕刻刀、刨刀、铣刀。

（3）用作武术文艺表演的刀、矛、剑、戟等。

（二）钝器

该类物品不带有锋利边缘或者锐利尖端，由金属或其他材料制成、强度足以造成人身严重伤害的器械，主要包括棍棒（含伸缩棍、双节棍）、球棒、桌球杆、板球球拍、曲棍球杆、高尔夫球杆、登山杖、滑雪杖、指节铜套（手钉）。

| 典型案例 |

母亲带安全锤坐飞机，若遇意外准备砸窗

旅客刘女士非常疼爱她的孩子，和其他母亲一样，带着孩子出门总会多带点东西，以备不时之需，然而她带的东西竟是如此让人意想不到。

2016年9月21日，刘女士带着孩子来到广州白云国际机场准备乘坐飞机前往外地游玩，过安检时却被安检人员拦截下来，原来刘女士带了一把破窗逃生锤。安检人员告知其钝器类物品需要办理托运，禁止随身携带。然而刘女士的回答也是语惊四座，这把锤子是她为孩子平时乘坐公交车如遇意外逃生准备的，然而害怕空难的刘女士这次坐飞机也把锤子带上了，一旦飞机遇险她就准备砸窗逃生。

安检人员向刘女士解释了民航航班有充分的安全保障，并指出了她这个想法不切实际。最终刘女士承认自己忧虑过度，并同意托运安全锤。

（三）其他

其他能够造成人身伤害或者对航空安全和运输秩序构成较大危害的物品，主要包括以下几种。

（1）工具，如钻机（含钻头）、凿、锥、锯、螺栓枪、射钉枪、螺丝刀、撬棍、锤、钳、焊枪、扳手、斧头、短柄小斧（太平斧）、游标卡尺、冰镐、碎冰锥。

（2）其他物品，如飞镖、弹弓、弓、箭、蜂鸣自卫器以及不在国家规定管制范围内的电击器、梅斯气体、催泪瓦斯、胡椒及辣椒喷剂、酸性喷雾剂、驱除动物喷剂等。

| 典型案例 |

携这类"口气清新剂"乘机，将移交派出所

2016年10月20日，广州白云国际机场安检站在执行安检任务时，在一名女性

旅客的手提包内查获违禁物品——催泪瓦斯一罐。

催泪瓦斯是一种可以致人短暂失去行为控制与分辨能力、导致人在短时间内无能力反击、具有伤害力的自卫型武器，内容物是高纯度辣椒提取物、芥末提取物等天然强刺激物质，可以对人的眼睛、面部皮肤、呼吸道造成强烈刺激，俗称"辣椒水"或"防狼喷雾"。催泪瓦斯属于警用械具类违禁物品，一般只有执法人员在执勤时才能使用。

在安检人员查出此违禁物品时，旅客马女士声称是"口气清新剂"不是违禁品，但当安检人员让其试用时，马女士却迟迟没敢试，并且显得有些胆怯，于是安检人员便将马女士手中的"口气清新剂"接了过来，用鼻子一闻，一种非常刺鼻的气味让安检人员连打喷嚏。后经安检人员询问，马女士才如实说道："因其经常到外地出差，自己男朋友不放心她的人身安全，便送了一支'辣椒水'让她用来自卫，她知晓乘坐飞机时不能够携带，但还是抱有侥幸心理，企图蒙混过关，谁知被安检人员识破。"经过核实之后，为确保本次航班的安全性，安检人员将马女士移交机场公安机关做进一步调查处理。

| 新闻台 |

冰激凌月饼、冰皮月饼不可以带上飞机

2018年9月22～24日，"中秋"小长假如约而至。小长假期间，不少旅客选择携带月饼礼盒、大闸蟹等礼品出行。根据民航的相关规定，生活刀具和酒类物品必须办理托运，所以，旅客在出行前整理行李物品时，需提前确认月饼礼盒中是否含有生活刀具、酒精饮品或蟹醋等液态物品，并提前向所搭乘的航空公司了解大闸蟹等"鲜、活、易腐"物品的携带规定。出境的旅客还需要提前了解目的地国家或地区对于相关携带物入境的规定，以免影响出行。

此外，机场安检部门还特别提示，冰激凌月饼、冰皮月饼也不可以随身带上飞机，办理托运时，其容器需要选择塑料袋、泡沫塑料箱双重包装。

如果旅客需要用干冰保温月饼，必须提前向航空公司申请批准，并遵照危险品运输程序接受检查。

二、随身携带或者作为行李托运有限定条件的物品

（一）随身携带有限定条件但可以作为行李托运的物品

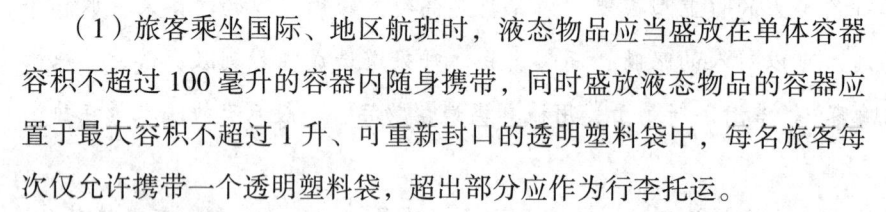

（1）旅客乘坐国际、地区航班时，液态物品应当盛放在单体容器容积不超过100毫升的容器内随身携带，同时盛放液态物品的容器应置于最大容积不超过1升、可重新封口的透明塑料袋中，每名旅客每次仅允许携带一个透明塑料袋，超出部分应作为行李托运。

（2）旅客乘坐国内航班时，液态物品禁止随身携带（航空旅行途中自用的化妆品、牙膏及剃须膏除外）。航空旅行途中自用的化妆品必须同时满足三个条件（每种限带一件、盛放在单体容器容积不超过100毫升的容器内、接受开瓶检查）方可随身携带，牙膏及剃须膏每种限带一件且不得超过100克（毫升）。

| 新闻台 |

乘机小贴士：护手霜随身乘机需符合规定

冬季寒冷干燥，爱美人士出门旅游时会将护手霜携带在身边，以便保护好自己的双手。当选择乘坐飞机出门旅游时，就要注意护手霜的外包装了，当包装超过100毫升时，是无法随身携带乘机的，只能将其放在托运行李中。

近日，在北京首都国际机场（T2）国内安检现场10号通道内，开机员在对一位女性旅客的化妆包进行判图时，发现包内存在液态物品，按照程序立即对此化妆包进行开包检查。经开包确认，此名旅客化妆包内有一支外包装超量的护手霜，安检人员向旅客解释其携带的护手霜外包装超过了规定的100毫升，是不能随身携带的，但是可以办理托运、暂存手续或办理快递。旅客表示理解，并告知安检人员以前不知道规定的具体内容，只认为是容器里面的护手霜不超过100毫升就可以，下次一定会注意此类物品。最终旅客选择了办理托运手续。

护手霜是冬季出门旅游的常备用品，首都机场安检部门提醒广大旅客：根据民航局颁发的《民航旅客限制随身携带或托运物品目录》中的相关规定，如果您乘坐国内航班时，超过100毫升的护手霜只可以作为托运行李携带，请提前办理好托运手续，以免给您在过安检时带来不便。

旅客在同一机场控制区内由国际、地区航班转乘国内航班时，其随身携带入境的免税液态物品必须同时满足三个条件（出示购物凭证、置于已封口且完好无损的透明塑料袋中、经安全检查确认）方可随身携带，如果在转乘国内航班过程中离开机场控制区，则必须将随身携带入境的免税液态物品作为行李托运。

（3）婴儿航空旅行途中必需的液态乳制品、糖尿病或者其他疾病患者航空旅行途中必需的液态药品，经安全检查确认后方可随身携带。

（4）旅客在机场控制区、航空器内购买或者取得的液态物品在离开机场控制区之前可以随身携带。

乘机须知：部分免税商品的安检提醒

春运，繁忙而又充实，很多旅客大包小包地准备回家过年或者旅行。国际转国内的旅客也比平日多了起来，就在2019年2月11日晚，国际转国内安检通道发生了这样一个小插曲。

原来，陈女士在免税店购买了两瓶红酒，但是没有密封包装，根据规定，中转旅客购买免税店的化妆品或酒都必须有单独密封的包装和购买小票才能随身携带。这可把陈女士急坏了，安检人员了解到，原来陈女士的红酒是在中转通道外的免税店里购买的，便建议她重新去免税店里包装完好后再接受安全检查。

（二）禁止随身携带但作为行李托运有限定条件的物品

酒精饮料禁止随身携带，作为行李托运时有以下限定条件。

（1）标识全面清晰且置于零售包装内，每个容器容积不得超过5升。

（2）酒中含乙醇的体积百分比小于或等于24%时托运数量不受限制。

（3）酒中含乙醇的体积百分比大于24%、小于或等于70%时，每位旅客托运数量不得超过5升。

（三）禁止作为行李托运且随身携带有限定条件的物品

充电宝、锂电池禁止作为行李托运，随身携带时有以下限定条件（电动轮椅使用的锂电池另有规定）。

（1）标识全面清晰，额定能量小于或等于100Wh。

（2）当额定能量大于100Wh、小于或等于160Wh时必须经航空公司批准且每人限带两块。

除上述提到的物品外，国家法律、行政法规、规章规定的其他限制运输的物品也在民航旅客限制随身携带或托运物品之列。

| 知识角 |

充电宝与锂电池乘机时的相关知识

目前，旅客乘机时可以随身携带充电宝和锂电池，但是一些旅客对于机上充电宝、锂电池的使用规范并不是十分了解，这就有可能导致旅客因误操作而引发安全事故，因此，让更多的旅客了解到机上充电宝和锂电池的使用规范，才能平安乘机，安全出行。

现在可以在飞机上使用具有飞行模式的手机，但是充电宝是全程禁止使用的。若携带的充电宝上没有直接标注额定能量Wh（瓦特小时），则充电宝额定能量可按照以下方式进行换算：

1.如果已知充电宝的标称电压（V）和标称容量（Ah），可以通过计算得到额定能量的数值：Wh = V × Ah，标称电压和标称容量通常标记在充电宝上。

2.如果充电宝上只标记有毫安（mAh）时，可将该数值除以1000得到安培小时（Ah）。例如，充电宝标称电压为3.7V，标称容量为760mAh，其额定能量为：

760 mAh ÷ 1 000=0.76 Ah

3.7 V × 0.76 Ah=2.9Wh

锂电池非常不稳定、有冒烟起火的危险，并且锂电池一旦失火将很难被扑灭，在飞机上发生火灾后果是很严重的。所以，为了大家的飞行安全，旅客要掌握一些应急处置的方法。如果锂电池已经发生冒烟起火的现象，必须用水将电池冷却，以防止热度扩散到电池中的其他电池芯。无水可用时，可使用不可燃液体（如果汁等不含酒精的饮料）来冷却装置。锂电池灭火处置后应存放在适当的空容器（如罐子、水壶、食品柜或盥洗室废物箱）中，并注入足够的水或不可燃液体，以便可以完全浸没装置。一旦将装置完全浸没，必须将所用的容器存放起来并固定，防止溢出。

| 项目实训 |

安检微剧场

实施步骤：

步骤一：请同学们自行分组，4人为一组。选择其中1名同学扮演安检人员，其余3名同学扮演旅客，模拟安检时的物品检查。

步骤二：扮演旅客的同学携带一些物品道具（可以是实物或图片），依次进行安检。

步骤三：扮演安检人员的同学需要在规定的时间内，从旅客携带的物品中分辨出哪些可以随身携带乘机，哪些物品需要托运，哪些物品是禁止带上机的。

步骤四：一轮结束后，一名旅客与安检人员互换身份，同时更换物品道具，再次进行模拟练习。需要注意的是，每位同学都要扮演一次安检人员。

步骤五：每组评选出在规定时间内查出物品最全、最快的同学。

项目评价：

请根据表4-1对上述任务实施的结果进行评价。

表4-1 任务实施检测

评价内容	分值	评分	备注
能够准确识别禁止旅客随身携带和托运物品	40		
能够准确识别旅客限制随身携带或托运物品	40		
检查迅速且准确	20		

项目学习效果综合测试

一、单项选择题

1.下列选项中不属于民用枪的是（   ）。

A.气枪　　　　B.麻醉注射枪　　　C.射击运动枪　　D.钢珠枪

2. 下列刀具中不是管制刀具的是（　　）。

A. 三棱刀　　　B. 手术刀　　　C. 匕首　　　D. 带有自锁装置的刀具

3. 下列选项中属于腐蚀性物品的是（　　）。

A. 镁　　　B. 甲醇　　　C. 汞　　　D. 丁烷

4. 民航旅客禁止随身携带和托运酒精体积百分含量大于（　　）% 的酒精饮料。

A. 7　　　B. 24　　　C. 42　　　D. 70

5. 不属于民航旅客禁止随身携带但可以作为行李托运物品的是（　　）。

A. 水果刀　　　B. 高尔夫球杆　　　C. 柴油　　　D. 游标卡尺

6. 旅客乘坐国际、地区航班时，液态物品应当盛放在单体容器容积不超过（　　）毫升的容器内随身携带。

A. 50　　　B. 100　　　C. 500　　　D. 1

二、填空题

1. 民航旅客禁止随身携带和托运的物品主要分为枪支类武器、爆炸或者燃烧物质和装置、_____、危险物品及其他物品。

2. 旅客在机场控制区、航空器内购买或者取得的液态物品在离开机场控制区之前可以_____。

3. 酒精饮料禁止随身携带，作为行李托运时酒中含有乙醇的体积百分比小于或等于_____时托运数量不受限制。

4. 旅客乘机随身携带的充电宝、锂电池要求标识全面清晰，额定能量小于或是等于_____Wh。

三、简答题

1. 简述民航旅客禁止随身携带和托运的物品类别。

2. 禁止民航旅客随身携带但可作为行李托运的物品有哪几类？

3. 旅客在同一机场控制区内由国际、地区航班转乘国内航班时，其随身携带入境的免税液态物品必须同时满足哪三个条件？

项目五　开箱（包）检查

◆ **项目导读**

开箱（包）检查是机场安检中一个不可或缺的环节，它是仪器检查中的一道辅助工序，也是杜绝行李箱（包）中隐匿违禁品的一种重要手段。所以，熟练掌握开箱（包）的技能是一名合格安检人员的必备素质。本项目主要讲解了开箱（包）检查的方法及操作步骤，常见物品的检查方法，暂存和移交物品的办理程序，爆炸装置的处置程序等内容。

◆ **知识目标**

1. 了解开箱（包）检查的适用情况。
2. 了解开箱（包）检查的异常情况处置。
3. 了解常见物品的检查方法。
4. 了解暂存和移交的定义。
5. 了解暂存、移交物品单据填写的相关知识。
6. 了解处置爆炸装置的原则。

◆ **技能目标**

1. 能够掌握开箱（包）检查的方法，并在安检工作中灵活运用。
2. 能够按照开箱（包）检查的操作步骤完成安检工作。
3. 能够在安检工作中严格遵循开箱（包）检查的要求及注意事项。
4. 能够掌握各类常见物品、一般衣物的检查方法。
5. 能够办理暂存、移交物品的程序并正确填写暂存、移交物品单据。
6. 能够完成爆炸装置的处置工作。

| 情景导入 |

打火机"化整为零"过安检被查获

2018年7月3日6时左右,在厦门高崎国际机场T4航站楼国内安检出发现场,旅客李某准备搭乘飞机飞往海拉尔,但经过安全检查时其携带的随身行李却过不了安检关。

原来,李某的随身行李在过X射线机检查时,开机员发现其包内携带有一个打火机,但打火机并不是一个整体,打火机芯、火石和外壳被分别藏匿在包内的不同位置,开机员便立即通知开包员对李某的行李进行重点开包检查。

开包员在征得李某同意后,按照开机员指示的位置快速找出了打火机被拆分的配件,这才将一个打火机复原。据李某描述,因为自己十分喜爱这个打火机且该打火机价格昂贵,他不舍得丢弃才心生一计,投机取巧地拆分了打火机,企图蒙混过安检,却不料还是被安检人员查获。随后,安检人员按照民航的相关法律法规将该旅客移交机场公安机关处理。

任务一 开箱(包)检查的方法及操作

一、开箱(包)检查的含义与原则

(一)开箱(包)检查的含义

开箱(包)检查是指当X射线机无法确定箱(包)内物品的性质时,安检人员在被检旅客的配合下进行的打开行李箱(包)的详细检查。

(二)开箱(包)检查的原则

开箱(包)检查要遵循一些基本原则,以确保检查的一致性、工作的高效性及避免出现漏查的区域,具体原则如下。

(1)在检查前,向旅客解释检查的程序,获得旅客的许可。

(2)询问旅客箱包中是否有任何锋利、尖锐或者易碎的物品。

(3)将箱包开口朝向检查人员与受检旅客,避免箱包内的物品暴露于公众的视线范围内。

(4)在开箱(包)检查过程中,允许旅客见证检查的过程。

(5)要求旅客保持一定的距离直到检查人员放行被检查的箱包。

(6)在接触箱包内的物品前,一定要先观察清楚物品。

二、开箱(包)检查的重点对象

开箱(包)检查的重点对象为以下几种情况。

(1)用X射线机检查时,图像模糊不清无法判断物品性质。

(2)用X射线机检查时,发现疑似有电池、导线、钟表、粉末状、液体状、枪弹状物及其他可疑物品。

(3)X射线机图像中显示有容器、仪表、瓷器等物品。

(4)箱(包)中有摄像机、照相机及电脑等电器。

(5)箱(包)中的物品与旅客职业、出行事由不相符。

(6)旅客声称是帮他人携带或来历不明的箱(包)。

(7)旅客声明不能用X射线机检查的箱(包)。

(8)现场表现异常的旅客或群众揭发的嫌疑分子所携带的箱(包)。

(9)公安部门通报的嫌疑分子或被列入查控人员所携带的箱(包)。

(10)旅客携带密码箱(包)进入检查区域发生报警的。

| 知识角 |

行李箱(包)的分类

1. 按大小分

(1)小型包:包括手包、电脑包、腰包、女式单肩包、手提袋等。

(2)中型包:包括双肩包、旅行包、礼品箱、工具箱、手提箱等。

(3)大型包:包括拉杆箱、行李箱等。

2. 按材料分

(1)软体包:包括手包、电脑包、女式单肩包、手提袋、双肩包、旅行包等。

(2)硬体包:包括拉杆箱、工具箱等。

三、开箱（包）检查的方法

开箱（包）安检人员会根据物品的种类采取相应的检查方法，常用的开箱（包）检查方法主要有看、听、摸、拆、掂、捏、嗅、探、摇、敲、开、烧等。

（1）看：对物品的外观进行观察，检查是否存在异常，包装是否有变动等。

（2）听：对各类音响器材采取听的方法，判断其是否有变动等，此法也可以用于对疑似有定时爆炸装置的物品进行检查。

（3）摸：通过手的触觉来判断是否藏有异常或危险物品。

（4）拆：对有疑问的物品，通过拆开包装或外壳，检查其内部有无藏匿危险物品。

（5）掂：用手掂受检物品的重量，看其重量与正常的物品是否相符，从而确定是否进一步检查。

（6）捏：主要用于对软包装且体积较小的物品，如洗发液、香烟等物品的检查，用手感来判断有无异物。

（7）嗅：对有疑问的物品，尤其是爆炸物、化工挥发性物品等，可通过鼻子的嗅闻来判断物品的性质，宜使用"扇闻"的方法。

（8）探：对有疑问的物品，如花盆或盛有物品的坛、罐等，如无法透视，也不能用探测器检查的，可使用探针进行探查，判断其有无异物。

（9）摇：对有疑问的物品，如用容器盛装的液体或是中间可能是空心的物品，可采用摇晃的方法进行检查。

（10）敲：对某些不易打开的物品，如拐杖、石膏等，可用手进行敲击，听其发音来判断物品是否正常。

（11）开：通过开启、关闭开关，检查电器是否正常，防止其被改装为爆炸物。

（12）烧：对有疑问且不能准确判断其性质的物品，如液体、粉末状、结晶状物品，可取少量用纸包裹，然后用火点燃纸张，根据物品的燃烧程度、状态等判断其是否为易燃易爆物品。试烧时，应注意周围的环境，确保安全。

以上方法可单独使用，也可多种方法结合使用，以便更准确、快速地进行检查。

|典型案例|

带油漆乘机被安检人员查获

2018年7月2日，石家庄正定国际机场X射线机操作员在执行安全检查任务时，发现一名旅客的包内有两个图像异常的药瓶。为进一步判明真相，X射线机操作员立即通知开箱（包）检查员对旅客的行李进行开包检查。检查中，旅客一直强调该物品为药品，但当开箱（包）检查员打开瓶盖时，明显有刺鼻的油漆味。开箱（包）检查员蘸取瓶内少量"药品"，到安全区域进行燃烧测试，只见该"药品"被迅速点燃，火焰很大，并伴有刺激性气味。此时，旅客才承认药瓶内携带的是油漆，是打算作为样品带给客户的。因为油漆含有易燃溶剂，属于易燃危险品，《民航旅客禁止随身携带和托运物品目录》中明确规定，旅客乘坐飞机时，禁止托运和随身携带此类危险品。该旅客在了解相关规定后，最终选择放弃携带。

四、开箱（包）检查的操作步骤

（1）开箱（包）安检人员站在X射线机行李传送带出口处，负责疏导行李箱（包），避免过检箱（包）被挤、压、摔坏。

（2）当有箱（包）需要开检时，X射线机操作员用语言或手势提示开箱（包）检查员，待受检旅客到达前，开箱（包）检查员控制需要开检的箱（包）；受检旅客到达后，开箱（包）检查员请受检旅客自行打开箱（包），对箱（包）实施检查。若在箱（包）内疑有枪支、爆炸物等危险品的特殊情况下，需要由开箱（包）检查员控制箱（包），并做到人物分离。

（3）开箱（包）检查时，开启的箱（包）应侧对受检旅客，使其能看到自己的物品。

（4）开箱（包）安检人员根据X射线机操作员的提示有针对性地对箱（包）进行检查。已查和未查的物品要分开放置，摆放要整齐、有序。

（5）检查包的外层时，应注意检查其外部小口袋及有拉链的外夹层。检查包的内层和夹层时应用手沿包的各个侧面上下摸查，将所有的夹层、底层和内层小口袋等完整认真地检查一遍。

（6）在检查过程中，开箱（包）检查员应根据物品的种类采取相应的方法进行检查。

（7）开箱（包）检查员应将检查出的物品交给X射线机操作员进行复核。若属于安全物品则交还旅客本人或将物品放回旅客的箱（包）内，并协助旅客将箱（包）恢复原状，而后对箱（包）进行过机复检（见图5-1）；若为违禁品则移交处理。

（8）若有旅客申明携带的物品不宜接受公开开箱（包）检查，开箱（包）检查员应交值班领导处理。

（9）遇有旅客携带胶片等物品不愿接受X射线机检查时，开箱（包）检查员应进行手工检查。

图 5-1 复检

| 典型案例 |

让子弹"齐飞"，NO！

2017年6月18日10时左右，厦门高崎国际机场安检人员正在对前往石家庄的旅客鄢某进行安检。当鄢某将随身携带的单肩包放入X射线机检查时，开机员小张发现包中物品图像有个黑点，疑似子弹，于是立即通知开包员小赵控制行李并进行开包检查。

当开包员小赵问及鄢某包中是否有子弹之类的金属物品时，鄢某予以否认。小赵将该包进行了细致的检查，最后在包内的夹层中发现了疑似子弹一枚。经询问该旅客声称自己曾是一名军人，该子弹是当时留作纪念的，自己都不记得放在包里了。随后，安检人员将当事人和物品一并移交机场公安机关处理。

五、开箱（包）检查的要求及注意事项

（1）检查时要认真、细心，要特别注意重点部位如箱（包）的底部、角部、外侧小兜（见图5-2），并注意发现有无夹层。

（2）加强监控措施，防止已查验的行李箱（包）与未经安全检查

开箱（包）检查注意事项

的行李箱（包）调换或夹带违禁、危险物品。

（3）对旅客的物品要轻拿轻放（见图5-3），如有损坏，应照价赔偿。检查完毕，应尽量按原样放好。

（4）开箱（包）检查发现危害大的违禁物品时，应采取措施控制住携带者，防止其逃离现场，并将箱（包）重新过机检查，以查清是否藏有其他危险物品，必要时将其带入检查室彻底清查。

（5）已开箱（包）检查完毕的行李，必须再次经过X射线机的检查。

（6）若旅客申明所携带的物品不宜接受公开检查时，安检部门可根据实际情况，避免在公开场合检查。

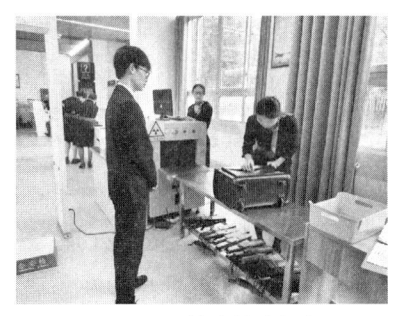

图5-2 检查箱（包）

图5-3 轻拿轻放物品

| 知识角 |

提取行李的注意事项

安检人员在提取旅客行李箱（包）进行安全检查时，应做到"一看、二托、三平放"。

看：观察行李箱（包）的外观，看包装是否结实，拉链是否拉好，特别是提手处是否有损伤。

托：提起行李箱（包）时，一只手握住把手处，另一只手应托住行李箱（包）底部，防止因行李箱（包）过重而使手柄断裂。

平放：将行李箱（包）轻放在开包台中间，并立即放平，避免因行李箱（包）突然倒下对行李箱（包）内易碎品造成损害。

六、开箱（包）检查的异常情况处置

开箱（包）检查的异常情况处置分为以下几种。

（1）对查出的非管制刀具的处理。非管制刀具是不准旅客随身携带乘机的，但可作为行李托运。国际航班如有特殊要求的，经民航主管部门批准，安检人员可按其要求进行处理。

（2）对查出的走私物品、淫秽物品、毒品、赌具、伪钞、反动宣传品等的处理。安检人员检查出上述物品时，应做好登记，并将人和物一并移交民航公安机关、海关等相关联检单位依法处理。

（3）对携带含有易燃物质的日常生活用品的处理。例如，医护人员携带的抢救危重患者所需要的氧气袋，凭医院证明可予以检查放行。

| 新闻台 |

重庆机场"人包对应"安检

2018年8月，随着"人包对应"系统正式投用，重庆江北国际机场实现了旅客随身行李安检信息与个人信息的绑定。进入安检通道后，旅客会发现这里比过去多了一台灰色的机器，当旅客扫一下纸质登机牌或电子登机牌二维码时，该机器就会自动出来一个行李筐。这可不是一台简单的取行李筐机器，它其实是一套随身行李人包对应系统。在旅客扫描登机牌时，系统便将旅客的随身行李与旅客信息进行绑定，行李通过X射线机时，包内的物品再次与旅客信息绑定。这样一来，旅客的随身行李如果拿错或弄丢，就可快速找回。

在此之前，重庆江北国际机场行李人包绑定只针对托运行李，随身行李未能与旅客信息绑定，在对旅客的随身行李进行反查时，只能通过行李安检时段进行筛选，这样既耗时，准确率又不高。为推进"智慧机场"建设，提升机场空防安全能力，2018年7月，重庆江北国际机场引入随身行李人包对应系统。该系统采用RFID（射频）识别技术实现旅客信息和随身行李的绑定。在不改变现有安检通道布局和安检流程的前提下，旅客只需扫描登机牌获取行李筐，就可实现旅客信息、随身行李图片信息及行李安检时间的自动绑定，以达到随身行李安检过程定位、追踪、匹配的目的，便于安检人员实现快速倒查。

任务二　常见物品的检查方法

一、服饰的检查方法

（一）衣物的检查方法

衣物的衣领、垫肩、袖口、兜部、裤腿等部位容易暗藏武器、管制刀具、爆炸物和其他违禁品。因此，在安全检查中，对旅客行李箱（包）中的可疑衣物要采用按压、摸、掂等检查方法进行检查。

对冬装及皮衣、皮裤更要仔细检查，看是否有夹层，按压查看是否暗藏异常物品。衣领处能暗藏一些软质的爆破物品，可掂其重量判断是否正常。

（二）皮带（女士束腰带）的检查方法

对皮带（女士束腰带）进行检查时，要看其边缘缝合处有无再加工的痕迹，摸带圈内是否有夹层。

（三）鞋的检查方法

对鞋子进行检查时，一般采取看、摸、捏、掂等检查方法来判断鞋中是否藏有违禁物品。看，是观察鞋的外表和鞋的内层；摸，是用手的触感来检查鞋的内边缘等较为隐蔽之处，检查其是否存在异常；捏，是通过手的挤压感进行判断；掂，是掂鞋的重量，判断是否与正常重量相符。必要时，可通过X射线机进行检查。

二、电子设备的检查方法

（一）仪器、仪表的检查方法

对仪器、仪表通常采用X射线机透视检查，如果X射线机透视不清，存有疑点的，可采用看、掂、探、拆等检查方法进行检查。看仪器、仪表外表的螺丝是否有松动的痕迹；对家用电表、水表可掂其重量来判断；对一般性的仪器、仪表可使用钟控定时炸弹探测器检查，听是否有钟表声音来判别有无定时爆炸装置；对特别怀疑的仪器、仪表可以拆开检查，看里面是否藏有违禁物品。

（二）摄像机、照相机的检查方法

对一般类型的摄像机，可先检查其外观是否正常，有无可疑部件，有无拆卸过的痕迹，重点检查电池盒（外置电源）、取景窗等部分是否正常，对有怀疑的可以让旅客进行操作以查明情况。对较复杂的大型摄像机，可征得旅客的同意进行X射线机检查。

检查照相机时，可以询问旅客是否可以打开照相机，也可掂其重量进行判断，如机内装有爆炸物，其重量会不同于正常照相机。对有怀疑的照相机，可以通过按快门试拍的方法来判断。

（三）收音机的检查方法

对收音机的检查，一般要打开收音机的电池盒盖，抽出接收天线，查看其是否藏有违禁物品。必要时，再打开外壳检查内部。

（四）录音机（便携式CD机）等的检查方法

对录音机（便携式CD机）进行检查时，首先观察其能否正常工作，必要时打开电池盒盖和磁带舱，查看是否藏有危险物品。

（五）手提电脑的检查方法

对手提电脑进行检查时，检查外观有无异常，掂其重量是否正常，可请旅客将电脑启动，查看其能否正常工作。对电脑的配套设备（如鼠标、主机、键盘等）也要进行检查。

| 典型案例 |

旅客将打火机藏在电脑夹层被查

2014年5月26日下午，广州白云机场的安检人员正一如既往地奋战在一线岗位上，看似平凡的工作中却迎来一件不寻常的事。

一张张X射线图像正有序地进入开机员小森的眼帘，这时，一台不同寻常的电脑进入X射线机扫描，其图像在小森的眼中显得格外刺眼："奇怪，这台电脑的图显怎么比正常电脑的图显多了一个火石图标呢？"这引起了小森的注意，他立即通知开包员对这台电脑进行检查，看是否有打火机与电脑重叠。经验丰富的开包员把整个行李翻了个遍，衣服、香烟、手机、电脑下面都没有发现打火机的踪影，也没有发现火石。这时，该旅客情绪激动起来，指着安检人员破口大骂，说安检人员是在故意刁难他。

开包员转念一想，要求旅客打开电脑接受检查。果不其然，在电脑的夹层里藏匿了一个打火机。在确凿的证据面前，该旅客不得不低下了头，承认了企图藏匿打火机蒙混过安检的事实。最后，该旅客不得不为自己的行为付出代价，经再一次严格检查确认无其他违禁物品后，安检人员依法将其移交机场公安机关处理。

（六）手机的检查方法

对手机的检查，采用看、掂、开等检查方法进行检查。看其外观是否存在异常，掂其重量，若藏匿其他物品则重量会有别于正常手机，然后打开电池盒盖查看或开启、关闭开关来辨别手机是否正常。

（七）小电器的检查方法

电吹风机、电动卷发器、电动剃须刀等小型电器，可以通过观察外观、开启电池盒盖、现场操作等方法进行检查。对于钟表，要检查表盘的时针、分针、秒针是否正常工作，拆开其电池盒盖，查看是否被改装成钟控定时爆炸装置。

| 典型案例 |

音响发烧友登机遭拒　原来是喇叭内有乾坤

2013年11月9日8时左右，旅客王先生正准备搭乘从广州飞往乌鲁木齐的航班。作为一名音乐爱好者，王先生早前在广州淘到两个不错的音响喇叭，此次准备一并带去乌鲁木齐。但是在广州白云机场过检的时候，王先生却被安检人员拦了下来，原因正是包内那两个音响喇叭，安检人员解释说音响喇叭内有强磁，会对飞行安全造成隐患。

王先生感到很困惑，音响喇叭怎么会对飞行安全造成隐患呢？开包员小李看出了王先生的不解，于是在征得王先生的同意后，小李取出了包内的音响喇叭，并凑近安检X射线机的屏幕，只见屏幕中的图像立即呈现出色彩变化和扭曲，而且距离越近，对屏幕画面的影响越大。这下王先生彻底明白了，但又为怎样处理这两个喇叨犯了难，毕竟是难得淘到的宝贝。小李见此情况，向王先生提议暂存，机场有暂存服务，可为其免费保管30天。王先生一听，便欣然办理了暂存手续，满意地乘机出行了。

三、常见消费品的检查方法

（一）书籍的检查方法

尽管单本书籍里不太容易藏匿违禁品，但检查时也不能放松。检查时，应先仔细观察书籍正反两面是否有异常，再查看封面和封底是否粘贴有危险品，最后将书籍打开翻阅检查，看书中是否夹带违禁物品。

捆绑在一起的书籍可能会被挖空来暗藏武器、管制刀具、爆炸物和其他违禁物品，检查时应特别注意，先将捆绑在一起的书籍分开，再按照上述方法逐一检查。

（二）笔的检查方法

对笔进行检查时，应查看笔的外观是否有异常，掂其重量是否与正常的笔相符，按下笔身的开关或打开笔身检查，看其是否被改装成笔刀或者笔枪。

| 典型案例 |

因为一支"笔"被移交公安机关

2017年7月25日13时左右，在厦门高崎国际机场，开机员小杨正在对旅客陈某的随身行李进行安全检查，其随身行李的过检图像引起了小杨的注意，小杨使用X射线机功能键对图像进行识别，发现陈某包里显示有不规则线状的金属可疑物品，根据多年的判图经验，小杨判断其为刀具类物品，于是立即通知开包员进行开包检查。

经过开包检查，最终在陈某的包内找到疑似钢笔刀一把。开包员请其将钢笔取出来检查时，陈某表露出焦急的状态，说话开始慌张起来。当开包员将钢笔的后盖旋拧打开后，发现里面暗藏了一把长约6厘米的笔刀，一侧是锋利的刀刃，隐匿性非常强。对陈某的包再次检查确认无误后，开包员将陈某及其物品按程序移交给机场公安机关处理。后经了解陈某这支钢笔是在网上购买的，这次却因为这把刀耽误了自己的行程。

(三)雨伞的检查方法

雨伞的结构具有特殊性,因而劫机分子常在伞骨、伞柄中藏匿武器、匕首等危险物品,试图混过安全检查。在检查中,可采用捏、摸、掂、打开的方法进行检查,要特别注意对折叠伞的检查。

| 典型案例 |

南京机场安检查获"雨伞剑"

2016年7月4日,正值南京梅雨季节,南京禄口国际机场的开机员小施在对旅客的随身行李进行过机检查时,一把雨伞的图像引起了她的注意。这把雨伞是长柄式的,在X射线机中透视发现其结构与普通长柄雨伞的结构基本没有什么差别,只是伞把是金属材质的,且在雨伞柄内部多了一条金属片,这一反常的发现立刻引起了小施的警觉,她立刻通知开包员对这把雨伞进行仔细检查。

开包员检查时,在雨伞伞柄根部发现一个很小的按压开关,尝试按下开关后从雨伞中弹出了一把长约40厘米、宽约2厘米的长刀,刀身就装在伞把上。原来这是一把内藏式雨伞刀,隐秘性极强。旅客见事情败露只得承认他企图蒙混过安检的事实,最后,安检人员将旅客及其物品移交机场公安机关处理。

(四)手杖的检查方法

对手杖进行敲击,听其发声是否正常,认真查看外观是否被改装成拐杖刀或拐杖枪。

(五)玩具的检查方法

小朋友携带的玩具也有可能暗藏匕首、刀具和爆炸装置。对毛绒玩具进行检查时,通常看其外观,用手摸查有无异物;对电动玩具检查时,可通电或打开电池开关进行检查;对有遥控器的玩具进行检查时,看其表面是否有变动的痕迹,摇晃是否有异常的声音,掂其重量是否正常,也可拆开遥控器检查电池,看是否暗藏危险品。

(六) 口红、香水等化妆物品的检查方法

口红等化妆品易被改成微型发射器，可通过掂其重量或者打开进行检查。部分香水的外观结构在 X 射线机屏幕上显示的图像与微型发射器类似，在检查时应认真查看瓶身说明并请旅客试用。

| 典型案例 |

和田机场查获口红型电击器

2016 年 4 月 5 日上午，和田昆冈机场安检人员正在执行安检任务。当旅客高某将其随身行李放入 X 射线机接受安全检查时，开机员从图像中发现该旅客包内有一个可疑的圆柱形物品。对图像进行仔细判读后，开机员发现该物品有电池和升压装置，随即通知开包员对该旅客的行李进行开包检查。

起初开包员并没有在包内找到可疑的圆柱形物品，在认真比对图像后对该包进行了复查。复查过程中，开包员通过仔细翻找，最后将目光锁定在一只"口红"上。当开包员打开"口红"检查时，发现"口红"里面另有乾坤，经过细致观察，开包员确定该物品实际是一个口红式电击器。随后，安检人员对该名旅客的人身和行李物品进行了二次复查，没有发现其他危险品后，按相关规定将该旅客及查获物品移交机场公安机关处理。

(七) 食品的检查方法

对罐装、袋装食品的检查，可掂其重量看是否与罐体、袋体所标注的重量相符，也可看其封口是否有被重新包装过的痕迹。发现物品可疑时，可请旅客自己品尝。

| 典型案例 |

自热米饭难过安检关

当下，一种以加热速度快、无明火明烟、无须开水冲泡的"自热米饭"成为户外族、出差族的新宠。然而，这种看似方便快捷的食品在加热过程中却存在安全隐患。

2016 年 11 月 22 日，厦门高崎国际机场开机员在为飞往上海的旅客李先生进行过机检查时，发现其行李包中显示有液体图像，随即通知了开包员对该行李进行开

包检查。经过检查，开包员在行李内查出一盒自热米饭。开包员告知李先生这盒饭不能被带上飞机，李先生一听当场就火了，辩解道："这个米饭属于食品，能有什么危害？为什么不能带上飞机？你们是在搞事情吧？"

开包员耐心解释道："因为这里面有液体存在，还有一个发热包，这些都是不能随身携带乘机的物品，但是您可以到柜台办理托运手续，作为托运行李是可以上机的。"李先生听完解释后还是存有疑惑，开包员看了看李先生的登机牌，距离登机还有一个多小时，于是在征得李先生的同意后，开包员按照包装上的食用方法，进行了一次实验。

只见开包员将发热包和水倒在一起，然后将盖子盖好，不一会儿整个餐盒在水蒸气的压力下开始变形，水蒸气通过餐盒顶部的出气孔急剧喷出，同时发出了"嘶嘶"的声音。在场的人都被惊呆了，没想到一个小小的餐盒居然能发出这么大的动静，这时李先生连忙说："这个饭我不带了，你们把它扔了吧。"

原来，"自热米饭"内有一袋发热包，发热包中主要是焦炭粉、活性炭、盐、生石灰等粉末状物质，这些物质在遇到水之后的 3~5 秒钟内就会即刻升温，温度高达 150℃，蒸汽温度高达 200℃，最长保温时间可达 3 小时，很容易将生米做成熟饭。此外，"自热米饭"内部还存有液体，这也是不能随身带上飞机的。

（八）整条香烟的检查方法

整条香烟、烟盒和其他烟叶容器一般都是轻质物品，检查此类物品时，主要看其包装是否有被重新包装过的痕迹，可掂其重量（每条香烟重量约为 300 克）来判断，对可疑的要打开包装进行检查。

四、其他物品的检查方法

（一）各种容器的检查方法

对容器进行检查时，可取出容器内的东西，采取敲击、测量的方法，听其发出的声音，分辨有无夹层，并测出容器的外高和内深，外径与内径的比差是否相符。如不能取出里面的东西，则可采用探针检查。

（二）容器中液体的检查方法

对液体的检查一般采用看、摇、嗅、试烧的方法进行。看容器、瓶子是否为原始包装封口；摇液体有无泡沫（易燃液体经摇动一般可产生泡沫且泡沫消失快）；嗅闻液体气味是否有异常（酒的气味香浓，汽油、酒精、香蕉水等的气味刺激性大）；对不能判别性质的液体可以取少量试烧，但要注意安全。

|知识角|

香蕉水

香蕉水（banana oil）又名天那水（thinner），是一种无色、透明、易挥发的液体，有较浓的香蕉气味，微溶于水，还能溶于各种有机溶剂，易燃，主要用作喷漆的溶剂和稀释剂。在许多化工产品、涂料、黏合剂的生产过程中也会用到香蕉水作为溶剂。

香蕉水是多种有机溶剂的混合物。香蕉水的蒸气与空气可形成爆炸性混合物，遇明火、高热能引起燃烧爆炸，其蒸气比空气重，能从较低处扩散到相当远的地方，遇火源会着火、回燃；若遇高温，容器内压增大，有开裂和爆炸的危险。香蕉水还能与氧化剂发生反应，其流速过快时，容易产生和积聚静电。

|典型案例|

任性而为藏匿易燃液体难过安检关

2015年1月20日13时左右，青岛流亭国际机场安检人员正在国际5号通道执行安检任务。检查中开机员发现一名韩国旅客的行李包内有一瓶液体，于是通知开包员进行开包检查。

开包员在征得旅客同意后打开了行李包，发现该旅客所携带的是一瓶无标识的不明液体，经询问，该旅客回应此液体是化妆品，擦脸用的。开包员十分警惕，对该物品进行了试烧检查，发现该液体遇明火后会发生爆燃，于是再次询问，该旅客仍然坚持称是化妆品，但话语间难掩紧张情绪。这时开包员突然感到头晕恶心，身体有些不适，马上联想到可能是由于刚才检查该物品造成的，于是果断将该旅客进行控制，并将旅客及所带液体移交机场公安机关处理。经公安询问证实，该旅客所携带的是树脂胶，属于易燃液体，燃烧后会散发刺激性气味。

(三）各种文物、工艺品的检查方法

对文物、工艺品进行检查时，一般采用摇晃、敲击、听等方法，摇晃或敲击时，听其有无杂音或者异物晃动声。

(四）骨灰盒等特殊物品的检查方法

对旅客携带的骨灰盒、神龛、神像等特殊物品进行检查时，如果X射线机检查发现有异常，可征得旅客同意后用看、摸、掂等方法进行手工检查；如果旅客不愿意通过X射线机检查，可采用手工检查。

|知识角|

旅客携带骨灰盒搭乘飞机须知

根据民航的相关规定，骨灰盒可以被直接带上飞机，不用托运。但死者家属应带上相关的死亡证明书，并在机场安检时主动出示，然后将骨灰盒通过X射线机检查。在X射线机检查没有发现异物的情况下，安检人员不会开盒检查，经过检查后就可将骨灰盒直接带上飞机。此外，为了不引起其他旅客的不快，机场地服部值机人员通常会给骨灰盒携带者安排"特别座位"，也会安排骨灰盒携带者提前登机。

携带骨灰盒乘机的旅客应注意以下几点。

（1）带好死者的死亡证明书以及当地派出所开具的安全携带证明。

（2）骨灰盒请选择能经过低量X射线穿透的材质。

（3）购买好机票后请和乘运的航空公司联系，事先报备。

（4）妥善包装，不要影响到旁边的乘客。

(五）乐器的检查方法

乐器都有发声装置，对弦乐器可采用拨（按）、听、看的方法，听其能否正常发音。对管乐器材可请旅客现场演示。

(六）粉末状物品的检查方法

粉末状物品的性质不易确定，可取少许用纸包裹，然后用火点燃纸张，通过观察其燃烧程度来判断是否属于易燃、易爆物品。

任务三 暂存和移交的办理程序

一、暂存和移交

（一）暂存

对旅客携带的限制随身携带的物品，安检部门可予以定期暂存。办理暂存时，要开具暂存物品单据并注明期限，旅客凭此单据在规定期限内来领取暂存物品。逾期未领取的物品，则视为无人认领物品，安检部门可按有关规定酌情处理。

（二）移交

移交是指安检部门在安全检查工作中遇到特殊情况时，可按相关规定将旅客或相关物品移交给各相关部门进行审查与处理。移交部门大体可分为三种，分别是公安机关、其他有关部门、机组。

二、不同物品办理暂存、移交的程序

当安检人员将旅客及其物品带至暂存、移交手续办理台后，办理人员应根据相关规定为旅客不能随身带上飞机的物品办理暂存、移交手续。

（一）禁止旅客随身携带或者托运的物品

安检中查出禁止旅客随身携带或者托运的物品，且属于国家法律法规禁止携带的物品时，安检人员应当连人带物移交所属的民航公安机关审查处理。移交时，填写好移交清单，双方签字确认，并注意字迹清晰，不要漏项，同时做好违禁物品的登记。

（二）禁止旅客随身携带但可作为行李托运的物品

安检中查出禁止旅客随身携带但可作为行李托运的物品时，安检人员应告知旅客查出的物品可作为行李托运或交给送行人员带回，如果来不及办理托运且符合暂存条件的，可帮其办理暂存手续。如果旅客提出放弃该物品，安检人员可将该物品放入旅客自弃物品回收箱（筐）中。

办理暂存手续时，办理人员应按照要求填写暂存物品单据，同时填写《暂存物品登记表》，并告知旅客暂存期限为自办理之日起 30 天内。

对于搭乘国际航班的旅客，安检中查出禁止旅客随身携带但可作为行李托运的物品时，办理人员还可根据航空公司的要求为其办理移交机组手续，填写换取物品单据，并告知旅客下飞机时凭此单据向机组取回物品。

（三）旅客限量随身携带的生活用品

安检中查出旅客限量随身携带的生活用品超量时，对于来不及办理托运且符合暂存条件的物品，安检人员可帮助其办理暂存手续，对于不符合暂存条件的，可请旅客将超量部分交给送行人员带回或自行处理。如果旅客提出放弃该物品，安检人员可将该物品放入旅客自弃物品回收箱（筐）中。

（四）勤务中查出的其他物品

安检中查出的走私物品、文物、毒品、伪钞、淫秽物品等，安检人员应做好登记并连人带物移交民航公安机关、海关等有关部门组成的联检单位审查处理。

（五）值班员兼信息统计员应做的工作

每天在勤务结束后，办理人员应将旅客的暂存物品、自弃物品及《暂存物品登记表》上交值班员兼信息统计员。值班员兼信息统计员对上交来的暂存物品进行清点、签收，保留《暂存物品登记表》，并负责将暂存物品按日期、类别分类，分别放置在相应的柜层中，既方便自身的工作交接，又方便旅客查询认领，此外值班员兼信息统计员还要负责对旅客的自弃物品进行收存。

（六）暂存物品的领取及处理

领取暂存物品时，旅客凭暂存物品单据及个人有效身份证明（居民身份证、护照、军官证等），在30天有效期内领取即可。如旅客在30天内不能按期领取的，可通过拨打暂存物品单据上的联系电话，为暂存物品办理延期手续。如需要他人代领，代领人需携带暂存物品单据（传真、复印件均可，但要有旅客本人签字），以及物主有效身份证明复印件及代领人有效身份证明领取。

暂存保管员根据暂存物品单据上的日期、序列号找到旅客的暂存物品，经确认无误后返还给旅客。同时，暂存保管员要将旅客手中的暂存物品单据收回，并及时在《暂存物品登记表》上进行注销。

对于逾期未领取的暂存物品，将被视为自弃物品，安检部门会定期对旅客自弃的物品进行回收处理。

|新闻台|

便民！青岛流亭国际机场限带暂存物品可发快递寄还

相信很多坐飞机的人都遇到过这种情况：风风火火地赶飞机，进入机场安检通道却发现包里带了不能随身携带的物品，但又来不及办理托运。

根据《民用航空安全检查规则》第四十一条规定对禁止旅客随身携带但可以托运的物品，民航安检机构应当告知旅客可作为行李托运、自行处置或者暂存处理。对于旅客提出需要暂存的物品，民用运输机场管理机构应当为其提供暂存服务。暂存物品的存放期限不超过30天。如果旅客遇到了以上麻烦，可以委托安检人员将物品暂存在机场，带着暂存单据轻装出行，而旅客所有的暂存物品将由安检暂存保管员负责保存。

青岛流亭国际机场每天都有大量的暂存物品被送至安检总值班室，暂存员们对物品逐件核对，包装完好后放入相应的位置进行保存。当旅客乘机归来后，便可携带暂存单领取物品，不方便本人领取时，还可以委托朋友携带暂存单或者暂存单的传真件、复印件前来领取，十分方便。而随着机场客流量的不断增加，暂存物品也越来越多，很多出行旅客的最终目的地并不是青岛，存在此处的物品也不方便领取。2017年2月，青岛流亭国际机场安检本着真情服务的宗旨，决定为旅客提供代发快递的服务。经过前期调研，青岛安检决定与管理完善、操作正规的顺丰快递公司开展业务联系，遇到旅客限带却不想暂存的物品，如充电宝等，旅客可填写快递单据进行邮寄，安检人员会帮助旅客将快递转交给快递公司，从而为旅客的出行提供了极大的方便。

为了进一步提升服务质量，青岛流亭国际机场安检还将继续扩大业务范围，为旅客的暂存物品进行快递代发。旅客只需将暂存单据的照片连同收件地址、收件人和联系电话发送至机场安检邮箱，安检人员便可为旅客进行快递代发。

三、暂存、移交物品单据的填写与使用

（一）暂存物品单据的填写与使用

暂存物品单据是指具备旅客（物主）姓名、物品名称、数量、航班号、存放期限、经办人和旅客（物主）签名等项目的一式三联的单据。

在开具暂存物品单据时，安检人员必须按照单据所规定的项目逐项填写，不得漏项，填写完毕后，经旅客确认、签字。暂存物品单据一式三联，第一联被安检部门留存，第二联被交给旅客，第三联被贴于暂存物品上以便旅客领取。安检部门收存的暂存物品应设有专人专柜妥善保管，不得丢失。

（二）移交物品单据的填写与使用

移交物品单据是指具有旅客（物主）姓名、证件号码、航班号、乘机日期、旅客座位号码、目的地、物品名称、数量、经办人、接收人等项目的一式三联的单据。

移交时，安检部门要填写三联单并让接收人签名，然后将第一联留存，第二联交给旅客，第三联交接收人。移交物品单据应妥善保管，以便存查。

任务四　爆炸装置的处置程序

一、处置爆炸装置的原则

处置爆炸装置的原则主要有以下几点。

（1）慎重。爆炸装置是具有较大杀伤力的装置，一旦爆炸，将会引起严重的后果。因此，在处置爆炸装置（包括可疑爆炸物）时必须慎重。

（2）安全。要尽可能不让爆炸装置在人员密集的候机楼内爆炸，万一爆炸也要最大限度地减少爆炸破坏的程度。同时，应想方设法地保障旅客、机场工作人员和排爆人员的安全。

（3）专业。发现爆炸装置（包括可疑爆炸物）后，应禁止无关人员触碰，只有经过专门训练且有实际经验的排爆技术人员，才能实施排爆。

| 知识角 |

爆炸装置的分类

爆炸装置的结构复杂多样，分类标准也各不相同。按照起爆方式，爆炸装置可分为触发、延时触发和遥控触发三类。

触发类爆炸装置是现实工作中最为危险的一类爆炸装置，包括机械触发、电触发、热触发、化学触发等形式。延时触发类爆炸装置，包括机械延时、化学延时、物理延时和电子延时四种形式。遥控类爆炸装置一般包括无线遥控和有线遥控两种形式。

实践中，对排爆人员威胁较大的爆炸装置往往是触发类爆炸装置，其次是无线遥控爆炸装置，因此排除这两类爆炸装置时应当十分小心。

二、处置爆炸装置的准备工作

（一）建立排爆小组

如果决定要对爆炸装置进行处置，就要成立排爆小组。排爆小组除必须有领导指挥外，还要由具有排爆专业知识和经验的专职排爆人员组成，同时，还应组织医护、消防抢救小组随时处于待命状态。

（二）准备器材

排除爆炸装置是一项极具危险性的工作，为了保障排爆人员的生命安全，应提前准备好防护器材和排爆工具。防护器材主要包括机械手、防爆筐（箱）、防爆毯、防爆服、防爆头盔等，也可用沙袋将爆炸装置围起来。排爆工具主要包括钳子、剪刀、刀具、竹签、长棍、高速水枪、液态氮等。

（三）清理现场

在进行排爆工作前，应先将现场进行清理，具体步骤如下。

（1）打开现场的全部门窗，以便万一发生爆炸，冲击波能得到充分释放。

（2）严禁无关人员进入排爆现场。

（3）转移排爆现场附近的仪器设备，不能移动的，应采取防护措施。

（4）清除爆炸装置周围的铁器等硬质物体，尽可能地降低爆炸强度。

（四）确定排爆地点和转移路线

如果爆炸装置是可转移的，就要事先确定好排爆地点。排爆地点应选择远离飞机、建筑物、油库、管道、高压线等的地方，并事先在排爆地点筑好排爆掩体等设施。

选择转移路线时，应尽量避开人员聚集地、重要设施、交通要道等地方；转移时应尽量使用防爆罐，若转移的路线较长，则应使用防爆车或特殊车辆进行运输转移。另外，还要规划好勤务警戒转移路线和排爆现场。

（五）疏散无关人员

即使最有经验的排爆人员，使用最有效的排爆器材和工具去处置爆炸装置，也无法百分之百地保证其不爆炸。因此，在处置之前应考虑疏散无关人员。

在疏散之前，应大致判断一下爆炸装置。首先判断其真假，以决定是否进行人员疏散；然后判断其威力，以决定在多大程度、多大范围内疏散人员。疏散方式主要有三种。

（1）不撤离。当被怀疑为爆炸装置的物品有明显证据证明是非爆炸物，并判断其几乎没有多大杀伤力时，可以不疏散旅客和其他人员，只做适当的警戒。

（2）局部撤离。当某件物品被确认为爆炸装置，但判断其威力不是很大时，可以只在一定范围内对旅客和其他人员进行疏散。

（3）全部撤离。当判断爆炸装置威力巨大时，要撤离飞机和建筑物内的全部人员。

| 典型案例 |

昆明长水国际机场发现疑似炸弹　果断排爆消除隐患

2015年1月29日，昆明长水国际机场安检站货邮大队在对某快递公司的货物进行安全检查时，发现一件正在过检的快件图像显示异常，图像里是一件块状物，并且由电池、导线类物品进行连接，疑似为爆炸装置。于是，安检人员将快件大包里的物品一一通过X射线机检查，进一步锁定了装有可疑爆炸物品的快件。通过对该物品外包装盒进行爆炸物取样检测，爆炸物检测仪出现持续报警。安检人员快速将此事逐级上报，并立即启动应急预案，控制住"快递"代理人，及时关闭安检通道，疏散附近的人员及货物。

接到货检现场的报告后，安检站值班领导带领相关工作人员，第一时间赶到货邮现场，对此事件进行详细了解，果断对现场安保与排爆鉴定工作做出指示。按照应急处置预案，安保人员小心翼翼地将装有疑似爆炸装置的防爆罐移至安全区域，并在周围拉起了警戒线，派出专人看守，密切关注周围情况变化。

待可疑物品安全转移后，货邮大队立即恢复了安检通道的正常工作。9时50分，省市公安部门、机场公安、长水国际机场等部门的有关领导相继赶到现场，协调指挥现场处置工作。10时32分，货邮大队开始对同航班货物实施"二次安检"，与此同时，质量控制室为了确保安全，开始对昆明飞往北京的所有航班旅客人身、行李过检图像进行回查。11时28分，经公安部门排爆检查，确定排除是爆炸物，现场解除了应急响应。

三、处置爆炸装置的程序

（一）对爆炸装置进行判断

对爆炸装置进行判断时，主要从以下几个方面入手。

（1）真假的判断。

（2）威力的判断。

（3）是否有定时装置的判断。

（4）是否有水平装置的判断。

（5）是否有松、压、拉等机械装置的判断。

（6）是否有其他防御装置的判断。

（二）对爆炸装置进行处置

在处置爆炸装置时，首先需要查清爆炸装置的结构，根据其结构特点和所处的地域，灵活运用适宜的方法。爆炸装置通常由专业人员实施处置，处置的方法主要有三种：一是人工失效法；二是转移法；三是就地销毁法。

（1）人工失效法。一般由专业人员实施，借助检测仪器、防护器材、排爆工具等，先将爆炸装置的爆炸时间延迟或使触发式爆炸装置的引信失去功能，再对整个爆炸装置进行拆卸，使引信与弹体（炸药）分离。

（2）转移法。当爆炸装置位于候机楼或飞机等重要场所，并装有反拆除装置且无把握进行人工失效时，可将爆炸装置转移到安全的地方再做处理。

（3）就地销毁法。如果确定爆炸装置不可移动且无把握进行人工失效时，就应采用就地引爆的方法进行销毁。为减少损失，销毁时可将爆炸装置用沙袋围起来。

| 新闻台 |

牡丹江海浪国际机场开展可疑爆炸物应急处置演练

为进一步提高牡丹江海浪国际机场突发事件应急处置能力，2017年4月21日，机场开展了应对候机楼遭受疑似爆炸物威胁的处置演练。机场应急救援保障部门共100余人参加了演练。

9时30分，牡丹江海浪国际机场服务人员接到威胁电话，一名男子声称在机场候机楼国内旅客休息区座椅上放置了爆炸物。牡丹江海浪国际机场应急指挥中心接报后立即启动候机楼受爆炸物威胁预案，公安、消防、医疗、安检紧急出动，赶赴候机楼。同时运输服务部启动候机楼疏散预案，服务人员引导旅客离开候机楼。现场执勤公安、武警、特警立即警戒现场，封锁候机楼出入口，安检人员架设频率干扰仪屏蔽可能的爆炸物遥控信号。

经过现场排查，应急处置人员在候机楼休息区座椅上发现疑似爆炸物包裹。安检人员对该疑似爆炸物包裹进行了爆炸物检测，初步检测结果为该包裹内无爆炸物。随后，安检人员将该包裹移至防爆罐内并转移出候机楼，交由专业排爆人员处理。9时37分，随着疑似爆炸物威胁解除，演练结束。整个演练历时7分钟，各应急救援部门能够做到迅速响应、迅速出动、迅速处置，各单位配合较为协调，演练效果良好。

通过演练，锻炼了队伍，检验了参演单位的信息传递、应急反应、协同配合和应急处置能力，为确保机场安全运行提供了可靠保证。

| 项目实训 |

安检大比拼

实施步骤：

步骤一：请同学们自行分组，5人为一组。

步骤二：每个小组各自准备一个装有物品的行李箱（包），用来模拟开箱（包）检查。

步骤三：各小组派出一名"安检人员"，对另外一个小组的行李箱（包）进行模拟安全检查，其他小组要认真观看，并做好记录。

步骤四：模拟结束后，同学们进行讨论，指出不足之处，并评选出表现最优秀的一组。

注意：各小组在准备行李箱时应根据本项目所学知识安排行李箱内放置的物品，提高检查难度。

项目评价：

请根据表5-1对上述任务实施的结果进行评价。

表5-1 任务实施检测

评价内容	分值	评分	备注
熟练掌握开箱（包）检查的检查方法	30		
熟练掌握开箱（包）检查的操作步骤	30		
对异常情况可以正确处置	20		
检查迅速，方法得当	10		
操作规范、有序	10		

项目学习效果综合测试

一、单项选择题

1. 下列属于开箱（包）检查重点对象的是（　　）。

   A. 国家领导随身携带的行李物品

   B. 重要旅客随身携带的行李物品

   C. 用 X 射线机检查时，图像模糊不清无法判断物品性质的物品

   D. 免检人员随身携带的行李物品

2. 开箱（包）检查时，开启的箱（包）应（　　）受检旅客，使其能看到自己的物品。

   A. 正对　　　B. 侧对　　　C. 面对　　　D. 背对

3. 对容器进行检查时，可取出容器内的东西，采取（　　）的方法，听其发出的声音是否正常。

   A. 敲击、拆开　　　　　　B. 拆开、测量

   C. 敲击、测量　　　　　　D. 探、拆开

4. 为旅客办理暂存手续时，安检人员应告知旅客暂存期限为（　　）天。

   A. 20　　　B. 30　　　C. 40　　　D. 50

5. 排爆小组在对安检现场发现的爆炸装置进行处置时，首先应该（　　）。

   A. 转移　　　B. 判断　　　C. 拆卸　　　D. 以上都不对

6. 对爆炸装置进行处置的方法不包括（　　）。

   A. 人工失效法　　　　　　B. 分析法

   C. 转移法　　　　　　　　D. 就地销毁法

二、填空题

1. 箱（包）内疑有枪支、爆炸物等危险品的特殊情况下需由开箱（包）检查员控制箱（包），并做到_____。

2. 已开箱（包）检查完毕的行李，必须再次经过_____的检查。

3. 对于搭乘_____航班的旅客，安检中查出禁止旅客随身携带但可作为行李托运的物品时，办理人员可根据航空公司的要求为其办理移交机组手续。

4. 移交部门大体可分为三种，分别是_____、其他有关部门、机组。

5. 处置爆炸装置的原则主要有慎重、_____和专业。

6. 如果决定要对爆炸装置进行处置，就要成立_____小组。

三、简答题

1. 简述开箱（包）检查的操作步骤。

2. 简述开箱（包）检查的要求及注意事项。

3. 简述暂存和移交的适用情况。

4. 简述处理爆炸装置的原则。

5. 对爆炸装置进行处理的方法有哪些？

项目六　证件检查

◆ 项目导读

证件检查是民航安检工作中的一项重要内容,也是安检人员必备的基本能力之一。安检人员对旅客的证件进行检查,核实旅客身份,可以有效地杜绝违规使用证件过检的行为,进而有力地保障航空器及旅客的生命财产安全。本项目主要讲解了各类乘机有效身份证件及检查方法等内容。

◆ 知识目标

1. 了解乘机有效身份证件及机场控制区通行证件的相关知识。
2. 了解证件检查的程序与注意事项。
3. 了解涂改、伪造、变造及冒名顶替证件的处置方法。
4. 了解查控工作的要求和在控人员的查缉与控制方法。

◆ 技能目标

1. 能够识别各类乘机有效身份证件及机场控制区通行证件。
2. 能够按照正确程序及方法对有效身份证件、机场控制区证件进行检查。
3. 能够识别涂改、伪造、变造及冒名顶替证件。
4. 能够查缉在控人员并对其进行处理。

| 情景导入 |

旅客企图用他人身份证乘机 被移交公安处理

2017年5月28日6时左右,厦门高崎国际机场安检员小张在对旅客王先生进行证件检查时,发现王先生的外貌特征与证件上的照片有明显差异,根据丰富的工作经验，安检员小张立即提高警惕，并对该旅客进行一些常规询问和反复对比。当询问王先生的身份证号码、出生年月日及家庭地址时，他竟然都回答不出来，而且面部表情明显开始紧张、不自然，这时小张确定王先生拿的证件并非他本人的身份证件。经查明，原来王先生因身份证丢失这才冒用他人身份证件乘机，依据民航局的相关规定，安检员小张当即报告值班领导，将该名旅客移交机场公安机关处理。

任务一　识别乘机有效身份证件的相关知识

乘机有效身份证件是指旅客购票和乘机时必须出示的由政府主管部门规定的证明其身份的证件。新版《民用航空安全检查规则》（交通运输部 2016 年第 76 号令）第三十一条规定的有效乘机身份证件的种类包括：中国大陆地区居民的居民身份证、临时居民身份证、护照、军官证、文职干部证、义务兵证、士官证、文职人员证、职工证、武警警官证、武警士兵证、海员证，香港、澳门地区居民的港澳居民来往内地通行证，台湾地区居民的台湾居民来往大陆通行证；外籍旅客的护照、外交部签发的驻华外交人员证、外国人永久居留证；民航局规定的其他有效乘机身份证件。

与旧版规则相比，新版《民用航空安全检查规则》（交通运输部 2016 年第 76 号令）对乘坐国内航班旅客的乘机有效证件有所调整。2016 年 7 月 1 日，武警部队正式换发启用 2016 式新式军人有效身份证件。此次换证，为了区分义务兵和士官的不同身份，将原有的士兵证替换为义务兵证和士官证。

一、中国内地居民乘机有效证件

（一）居民身份证

1. 第二代居民身份证的式样、登记内容及使用规定

第二代居民身份证是由多层聚酯材料复合而成的单页卡式证件，采用非接触式 IC 卡技术制作，证件尺寸为：85.6 毫米 × 54.0 毫米 × 1.0 毫米（长 × 宽 × 厚）。

证件正面印有"中华人民共和国居民身份证"的名称，采用彩虹扭索花纹（也称底纹），颜色从左至右为浅蓝色至浅粉色再至浅蓝色，颜色衔接处相互融合，过渡

自然。庄严醒目的红色"国徽"图案在证件正面左上方突出位置；证件名称分两行排列于"国徽"图案右侧证件上方位置；以点画线构成的浅蓝色写意"长城"图案位于国徽和证件名称下方、证件版面中心偏下位置；签发机关和证件的有效期两个项目位于证件底部。

证件背面印有与正面相同的彩虹扭索花纹，颜色与正面相同；印有姓名、性别、民族、出生日期、常住户口所在地住址、公民身份号码和本人相片七个项目及持证人相关信息；定向光变色的"长城"图案位于性别项目的位置，光变光存储的"中国 CHINA"字符位于相片与公民身份号码项目之间的位置。

少数民族证件同时采用汉字与少数民族文字。根据少数民族文字的书写特点，少数民族文字的证件有两种排版格式。一种是同时使用汉文和蒙古文的证件的排版格式，蒙古文在前，汉文在后；另一种是同时使用汉文字和其他少数民族文字（如藏文、壮文、维吾尔文、彝文、朝鲜文等）的排版格式，少数民族文字在上，汉文字在下。

二代居民身份证具备视读和机读两种功能。视读、机读的内容共有九项：姓名、性别、民族、出生日期、常住户口所在地住址、公民身份号码、本人相片、证件的有效期和签发机关（见图6-1）。

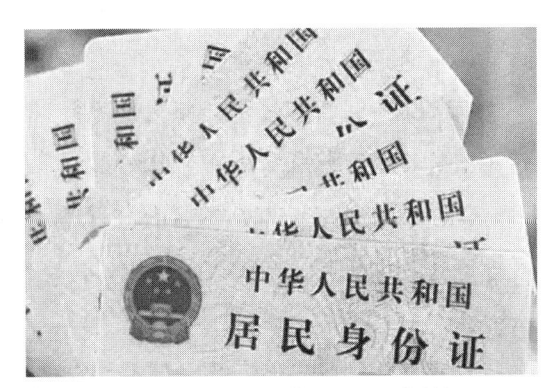

图 6-1　中华人民共和国居民身份证

公民从事有关活动需要证明身份的，有权使用居民身份证来证明，有关单位及其工作人员不得拒绝。有下列情形之一的，公民应当出示居民身份证证明身份。

（1）常住户口登记项目变更。

（2）兵役登记。

（3）婚姻登记、收养登记。

（4）申请办理出境手续。

（5）法律、行政法规规定需要用居民身份证证明身份的其他情形。

依照《中华人民共和国居民身份证法》的规定，未取得居民身份证的公民，从事以上规定的有关活动，可以使用符合国家规定的其他证明方式证明身份。

公民在使用居民身份证时，有下列情况的，由公安机关处 200 元以上 1000 元以下罚款，或者处 10 日以下拘留，有违法所得的，没收违法所得：冒用他人居民身份证或者使用骗领的居民身份证的；购买、出售、使用伪造、变造的居民身份证的。

| 知识角 |

查验二代身份证的相关规定

人民警察依法执行公务，遇有以下情形之一的，经出示执法证件，可以查验公民的居民身份证。

（1）对有违法犯罪嫌疑的人员，需要查明身份的。

（2）依法实施现场管制时，需要查明有关人员身份的。

（3）发生严重危害社会治安突发事件时，需要查明现场有关人员身份的。

（4）法律规定需要查明身份的其他情形。

有上述所列情形之一，拒绝人民警察查验居民身份证的，依照有关法律的规定，针对不同的情形，采取措施予以处理。

任何组织或者个人，不得扣押居民身份证。公安机关依照《中华人民共和国刑事诉讼法》执行监视居住强制措施的情形除外。

2. 第二代居民身份证的一般识别方法

二代居民身份证采用直观和数字两种防伪措施，针对这两种防伪措施，有关部门或个人在对居民身份证进行查验时，可以采用以下几种方法。

（1）核对相片。判别证件照片与持证人是否一致。

（2）查看彩虹印刷图案。身份证正面、背面底纹采用彩虹扭索花纹，精细、微缩印刷方式制作，色彩衔接处相互融合自然过渡，色彩变化部分没有接口。

（3）查看定向光变色的"长城"图案。自然光条件下，垂直观察是看不到"长城"图案的，当视线和法线（垂直于图案平面的直线）成较大夹角时，方能看到；在正常位置观察，图案反射光颜色为橘黄色；当图案绕法线方向顺时针或逆时针旋转 30°～50° 时，图案反射光颜色为绿色；当旋转 70°～90° 时，图案反射光颜色为蓝紫色。

（4）在底纹中隐含微缩字符。用放大镜可以看到，在身份证正面、背面印刷的彩虹扭索花纹中有微缩字符串"JMSFZ"，即"居民身份证"五个字的汉语拼音字头。

（5）查看光变光存储"中国CHINA"字样。在相片下可观测到光变光存储的"中国CHINA"字样，字符串周围有渐变花纹，外观呈椭圆形。改变观察角度可以看到亮字暗底和暗字亮底的正负镶嵌效果。

（6）使用紫外灯光观测，可以发现荧光印刷的"长城"图案。

（7）证件芯片采用数字防伪措施，可被证件机读取并完成认证。持证人的照片图像和身份项目内容等数字化后采用密码技术加密，存入芯片，可通过专业证件阅读器读取芯片内的机读信息，并进行解密运算处理后，自动辨别其真伪。

（二）临时居民身份证

临时居民身份证为单页卡式，其规格、登记项目均与二代身份证相同。居住在中华人民共和国境内的16周岁以上的中国公民，应当申领居民身份证。尚未领到证件的，或居民身份证丢失、损毁尚未补领到证件的，可以根据需要申领临时居民身份证。临时居民身份证的有效期为3个月，有效期自签发之日起计算。

临时居民身份证的正面印有蓝色的长城烽火台、群山和网纹图案；背面印有黄色的网状图案，并在右下角粘贴印有天安门广场图案的全息胶片标志。矩形全息胶片标志规格约为12毫米×9毫米，由拱形环绕的天安门广场、五星和射线组成（见图6-2）。

图6-2 中华人民共和国临时居民身份证

（三）临时身份证明

根据民航局公安局要求，乘坐国内民航飞机的中国籍旅客（港澳台除外）乘机时未携带有效乘机身份证件，或者原有效乘机身份证件破损、过期的，可以向民用机场公安机关申请办理乘坐中国民航飞机临时身份证明（见图6-3）。

乘坐民航飞机的临时身份证明不同于临时身份证，它是为了实名制购票或登机而开具的一张纸质证明，只含有简单的个人信息，而且有效期也比临时身份证短，只有7天，仅限旅客乘坐国内民航飞机时作为有效乘机身份证明，不含其他用途，航班较早的旅客可提前一天申请办理。

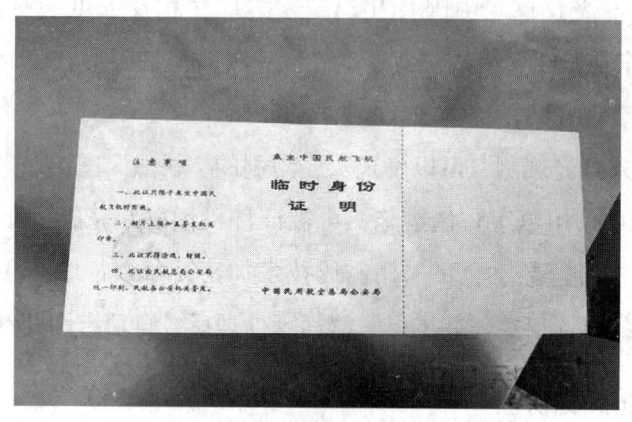

图6-3 乘坐中国民航飞机临时身份证明

| 知识角 |

机场办理临时乘机证明须知

如果旅客身份证件过期或遗失，可在始发地机场公安机关办理临时乘机证明。

1. 具备下列材料之一者，可以申办《乘坐民航飞机临时身份证明》

（1）旅客的过期、破损身份证或临时身份证原件。

（2）旅客的户口簿原件及复印件。

（3）旅客的中华人民共和国机动车驾驶证。

（4）国内机场公安机关6个月内为旅客出具的完整的《乘坐民航飞机临时身份证明》原件。

（5）旅客户籍所在地公安机关出具的户籍证明原件或者传真件。

2. 具备下列材料之一者，不可以申办《乘坐民航飞机临时身份证明》

（1）对安检中发现冒用他人身份证件或使用伪造、变造身份证件的旅客。

（2）外籍和港澳台地区的旅客。

（3）使用非申办旅客本人的证件。

（4）根据申办人提供的材料经公安网络查实不符的或无法证实是旅客本人的。

（5）无法通过公安网络查询的旅客。

| 新闻台 |

揭阳潮汕机场"刷脸"办证助力春运

输入身份证号再"刷脸"认证，40秒就能办理乘机证明，在揭阳潮汕机场乘飞机再也不用担心忘带身份证了。这是2019年春运开始，揭阳潮汕机场公安推出的一项便民措施。

贯彻落实广东省委春运工作部署，广东省公安厅机场公安局揭阳潮汕机场分局在机场航站楼投入使用自助临时乘机证明办证设备，利用科技手段改进民生服务，极大地提高了临时乘机证明的办理效率，自此揭阳潮汕机场临时乘机证明办理进入一键式智能时代。

自助办证设备目前投放在揭阳潮汕机场航站楼三楼出发大厅警务室旁，旅客只需要在设备上输入身份证号码并进行人脸识别扫描，40秒即可完成数据读取、图像采集、身份验证、信息比对、证件办理全套流程，在旁边警务室加盖公章后即可使用。

办理临时身份证是机场公安一项常态化工作。仅2018年，揭阳潮汕机场公安分局就为旅客办理临时乘机证明21321份。在没有自助办证设备前，都是由民警人工进行办理，每人每次需要3~5分钟，警务室门口常常因为办证大排长龙。临时乘机证明办证设备投入后，切实解决了群众办证排队、提交材料烦琐等问题，大幅提高了办证效率，优化了广大旅客的出行体验。

（四）护照

护照（见图6-4）是一个国家的公民出入本国国境和到国外旅行或居留时，由本国发给的一种证明该公民国籍和身份的合法证件。各国颁发的护照种类不尽相同，中华人民共和国护照可分为外交护照、公务护照、普通护照和特区护照。

其中，公务护照又分为公务护照和公务普通护照，特区

图6-4　中华人民共和国普通电子护照

护照分为香港特别行政区护照和澳门特别行政区护照，外交护照、公务护照和公务普通护照统称为"因公护照"，普通护照俗称"因私护照"。

（1）外交护照（封皮红色）由外交部颁发给中国党、政、军高级官员，全国人民代表大会、中国人民政治协商会议和各民主党派的主要领导人，外交官员、领事官员及其随行配偶、未成年子女和外交信使等。

（2）公务护照（封皮墨绿色）由外交部、中华人民共和国驻外使领馆或者外交部委托的其他驻外机构以及外交部委托的省、自治区、直辖市和设区的市人民政府外事部门颁发给中国各级政府部门副县、处级（含）以上公务员、中国派驻外国的外交代表机关、领事机关和驻联合国组织系统及其专门机构的工作人员及其随行配偶、未成年子女等。

（3）公务普通护照（封皮深棕色）由外交部、中华人民共和国驻外使领馆或者外交部委托的其他驻外机构以及外交部委托的省、自治区、直辖市和设区的市人民政府外事部门颁发给中国各级政府部门县处级副职以下公务员和国有企事业单位因公出国人员等。

（4）普通护照（封皮红棕色）由公安部或者公安部委托的地方公安机关，以及驻外使领馆和驻香港、澳门公署颁发给前往国外定居、探亲、学习、就业、旅行、从事商务活动等非公务原因出国的中国公民。

（5）香港特别行政区护照（封皮深蓝色）由香港特别行政区入境事务处颁发给享有香港特别行政区居留权及持有有效香港永久居民身份证的中国公民。

（6）澳门特别行政区护照（封皮绿色）由澳门特别行政区身份证明局颁发给澳门特别行政区的永久性居民中的中国公民和持有澳门特别行政区永久居民身份证者。

| 知识角 |

电子护照

全国公安机关于 2012 年 5 月 15 日起，统一向公民签发普通电子护照。新启用的电子护照，防伪性能有了根本性提高，办理程序上新增指纹采集及当场签署本人姓名等内容。

电子护照是在传统本式普通护照中嵌入电子芯片，并在芯片中存储持照人基本资料、面部肖像、指纹等生物特征的新型本式证件。电子护照的签发启用,标志着我国公民的国际旅行证件已迈入全数字化的新时代。

电子护照具有两大特点:第一,护照防伪能力更加强大。电子普通护照采用了大量新型高强度防伪工艺和材料,通过异型彩虹印刷、多层次无色荧光印刷、多色接线凹印、光彩油墨、激光穿孔打号、高分辨全息保护膜等几十项防伪技术,能够有效防范伪造变造护照行为的发生,保护持照人的合法权益。第二,护照图案设计更加美观。电子护照图案的主题为"辉煌中国",分别选取了31个省、自治区、直辖市及香港特别行政区、澳门特别行政区、台湾省具有地域代表性的主题元素,以及"天安门""长城""天坛"3个国家形象代表元素,以地域分布为主线,突出了民族融合、和谐共存的精神理念,勾画了祖国山河的雄浑辽阔、历史文化的源远流长,展示了当今中国的辉煌形象。

护照主要包括类型、国家码、护照号码、姓名、性别、国籍、出生日期、出生地点、签发日期、签发地点、有效期、签发机关等内容,护照均应印有持照人的照片。

护照有一定的有效期限,各个国家所规定的有效期限不同。中国的外交护照有效期为5年。公务护照和公务普通护照分为一次有效和多次有效两类。多次有效护照的有效期为5年,是发给在一定时期内需要多次出入中国国境的人员;一次有效护照的有效期为2年,是发给在一定时期内一次出入中国国境的人员。

一次有效公务普通护照和一次有效公务护照满两年后,如有需要,可在国(境)外按规定手续申请延期一次。延长期限根据需要决定,但最长不得超过2年。一次有效公务普通护照的标志是护照的扉页在护照号码前有"Y"字样,并在内部印有"持照人在护照有效内可出入中国国境一次"字样。

中国的因私普通护照,未满16周岁人员有效期为5年,16周岁以上为10年。

| 新闻台 |

民航局公安局明确:护照可作为有效乘机身份证件

新版《民用航空安全检查规则》已于2017年1月1日正式施行。为进一步保障民航旅客安全,规范民航安检工作,积极回应社会关切,5月23日,民航局公安局专门下发通知，进一步明确旅客使用护照乘坐国内航班的相关问题。

通知指出，中华人民共和国护照可以作为有效乘机身份证件，办理国内航班购票、值机、安检手续；旅客乘坐国内航班，办理购票、值机、安检手续时，应当使用同一个有效乘机身份证件。

（五）军人类证件

军人类证件包括军官证、警官证、义务兵证、士官证、文职人员证、文职干部证、军队职工证等。

1. 中国人民解放军军官证

中国人民解放军军官证是配发给中国人民解放军军官的身份证件，于1998年10月开始使用，2016年7月1日统一换发。中国人民解放军军官证是中国内地有效身份证件之一，其在证明干部身份、规范干部管理等方面发挥了重要作用（见图6-5）。

图6-5 中国人民解放军军官证

中国人民解放军军官证封皮颜色为暗红色，采用阻燃防水材料，封面中央正上方印有烫金的五角星，五角星下方为"中国人民解放军军官证"烫金字样，最下方印有"中华人民共和国中央军事委员会"字样，背面印有"中央军委政治工作部干部局监制"字样。

军官证内芯内容包括相片、编号、发证机关、发证日期、姓名、出生年月、性别、籍贯、民族、部别、职务、衔级等。

| 典型案例 |

企图持假军官证换取登机牌，当场被安检人员识破

2018年6月8日，云南省德宏芒市国际机场如往常一样人头攒动。一名男子在换取登机牌处将军官证递给验证工作人员，要求换取前往昆明的机票。

当验证工作人员接过该男子证件，经过仔细查看后，发现此人持有的军官证与平时乘机军人的军官证不一致，于是便礼貌地对该男子说："先生，您的证件需进一步核实，请在一旁耐心等待。"

随后，机场安检部门马上致电中国人民解放军云南省德宏军分区，称拟乘坐东航 MU5978 次航班人员刘某的军官证存在问题，对其军人身份表示怀疑请求核实。在核实确认的过程中，安检人员再次对该证件进行了仔细核查。核查中发现，此证件为军队老式证件，发证机关栏为空白，只有钢印和证件章；其佩戴的中将军衔和正兵团级别资历章，也与军衔职务规定不符。在有诸多疑点的情况下，安检人员又简单向刘某询问了一些军队常识性问题，"军改什么时候开始？""军委政治工作机关名称是什么？"然而，刘某完全回答不上来，并显得格外紧张，额头直冒汗。就在此时，德宏军分区派出的保卫、纠察人员也赶到了机场核查情况。在安检人员与纠察人员的面前，刘某只得承认其假军人身份，纠察人员依法没收了其假军官证、假军服，并协调附近派出所现场查证，移交公安部门依法处理。

2. 中华人民共和国人民警察证

中华人民共和国人民警察证是表明人民警察身份和依法执行职务的凭证和标志。是全国各级公安机关，铁路、交通、民航、森林公安机关和海关缉私部门及其人民警察使用的。公安机关人民警察在依法执行职务时，除法律、法规另有规定外，应当随身携带人民警察证，主动出示并表明人民警察身份。公安机关人民警察证由专用皮夹和内卡组成。证件专用皮夹外部正面压印人民警察警徽图案和"人民警察证"字样，背面压印英文"CHINA POLICE"字样；内部上端镶嵌金属质地警徽一枚和金色"公安"两字，下端放置内卡。内卡采用第二代居民身份证制证工艺制作，正面印制持证人二寸彩色数码照片、姓名、所在县级以上公安机关名称和警号，并覆盖专用的全息防伪膜；背面印制持证人姓名、性别、出生日期、职务、警衔、血型、人民警察证有效期限，以及"人民警察证"和"中华人民共和国公安部监制"字样。

3. 中国人民解放军义务兵证

中国人民解放军义务兵证是配发给现役义务兵的证件，2016 年 7 月 1 日正式换发启用（见图 6-6）。

中国人民解放军义务兵证封皮颜色为正红色，证件中央正上方为烫金五角星，在五角星下方有烫金的"中国人民解放军义务兵证"字样，最下方为烫金的"中华人民共和国中央军事委员会"字样。证件内芯内容包括照片、编号、发证机关、发证日期、姓名、出生年月、性别、籍贯、民族、部别、职务、衔级等。

4. 中国人民武装警察部队义务兵证

中国人民武装警察部队义务兵证是中国武警部队现役士兵的身份证件，2016年7月1日正式换发启用。其封皮颜色为正红色，证件中央正上方为烫金的警徽，警徽下方为烫金的"中国人民武装警察部队义务兵证"字样，最下方为烫金的"中华人民共和国中央军事委员会"字样。证件内芯内容与中国人民解放军义务兵证相同。

图6-6 中国人民解放军义务兵证

5. 中国人民解放军士官证

中国人民解放军士官证是由中华人民共和国中央军事委员会发放、中央军委政治工作部兵员和文职人员局监制的现役士官的身份证明，可当身份证用，2016年7月1日正式换发启用（见图6-7）。

士官证封皮颜色为正红色，证件中央正上方为烫金五角星，在五角星下方有烫金的"中国人民解放军士官证"字样，最下方为烫金的"中华人民共和国中央军事委员会"字样。证件内芯内容包括照片、编号、发证机关、发证日期、姓名、出生年月、性别、籍贯、民族、部别、职务、衔级等。

图6-7 中国人民解放军士官证

6. 中国人民武装警察部队士官证

中国人民武装警察部队士官证是中国武警部队现役士官的身份证件，2016年7月1日正式换发启用。其封皮颜色为正红色，证件中央正上方为烫金的警徽，警徽下方为烫金的"中国人民武装警察部队士官证"字样，最下方为烫金的"中华人民共和国中央军事委员会"字样。证件内芯内容与中国人民解放军士官证相同。

7. 中国人民解放军文职人员证

中国人民解放军文职人员证是配发给按有关法规聘用到军队编制岗位工作的文

职人员的本芯式证件，2014年1月1日经中央军委批准开始使用，2016年7月1日统一换发（见图6-8）。

文职人员证封皮颜色为暗红色，证件中央正上方为烫金五角星，在五角星下方有烫金的"中国人民解放军文职人员证"字样，最下方为烫金的"中华人民共和国中央军事委员会"字样。证件内芯内容包括照片、编号、发证机关、发证日期、姓名、出生年月、性别、籍贯、民族、部别、岗位职务、岗位等级等。

8. 中国人民解放军文职干部证

中国人民解放军文职干部证是配发给军队文职干部的本芯式身份证件，1998年10月开始使用，2016年7月统一换发，它在证明干部身份、规范干部管理等方面发挥了重要作用。

图6-8 中国人民解放军文职人员证

文职干部证封皮颜色为暗红色，证件上方正中为烫金五角星，在五角星下方有烫金的"中国人民解放军文职干部证"字样，最下方为烫金的"中华人民共和国中央军事委员会"字样。证件内芯内容包括照片、编号、发证机关、发证日期、姓名、出生年月、性别、籍贯、民族、部别、职务、衔级等。

9. 中国人民解放军职工证

中国人民解放军职工证，是中国人民解放军相应师级以上机关签发，证明中国人民解放军职工的身份证件。中国人民解放军职工，简称军队职工，是指在军队机关、事业单位、军队企业中具有在编干部或在编职工身份的非军籍人员（见图6-9）。

职工证封皮颜色为暗红色，证件中央正上方为烫金五角星，在五角星下方有烫金的"中国人民解放军职工证"字样，最下方为烫金的"中华人民共和国中央军事委员会"字样。证件内芯内容包括照片、编号、发证机关、发证日期、姓名、出生年月、性别、籍贯、民族、部别、职级、备注等。

图6-9 中国人民解放军职工证

| 知识角 |

全军换发启用2016式证件 教你如何识别真证件

经中央军委批准，全军从2016年7月1日起正式换发启用2016式中国人民解放军军官证、中国人民解放军文职干部证、中国人民解放军义务兵证、中国人民解放军士官证、中国人民解放军文职人员证、中国人民解放军职工证（以下简称"军官证""文职干部证""义务兵证""士官证""文职人员证""职工证"）。中央军委办公厅下发通知，要求各级高度重视证件换发工作，指定专人负责，严密筹划组织，严格按照规定办理。

军官证、文职干部证的老式证件于1998年10月开始使用，在证明干部身份、规范干部管理等方面发挥了重要作用。新式证件沿用了本芯证件样式，在防伪性、通识度、数字化等方面做了大幅改进与提高，主要具有以下特点。第一，编制唯一证件号，统一采用"军"冠字头加7位数字的形式编码，人员从进入干部队伍到退出，不管职务岗位如何调整变换，号码始终不变，增强了证件的唯一性、权威性及法律效应。第二，更显庄重沉稳、美观整洁，封皮颜色为暗红色，与军装服饰红色元素相协调，采用阻燃防水材料，背面凹烫"中央军委政治工作部干部局监制"。第三，防伪程度更高，证芯使用专用证券纸和专色油墨定制生产，运用浮雕、定位水印、安全线、解锁、缩微文字、无色荧光等多项防伪技术，易于检验识别。第四，可认证度更高，证件内容新增加密二维码，嵌印入证芯底部，可通过军队干部部门查核验证。

义务兵证、士官证封皮颜色为正红色，文职人员证、职工证封皮颜色为暗红色。证件为本芯式，采用多项防伪技术制作，背面凹烫"中央军委政治工作部兵员和文职人员局监制"字样，内夹单页折叠式证芯。义务兵证证件号码统一采用"兵"冠字头加数字的编码形式，士官证证件号码统一采用"士"冠字头加数字的编码形式，证件编号与存留档案《士兵登记表》上的编号一致，新增加密二维码。文职人员证统一采用"文"冠字头加数字的编码形式，全军统一审核赋予唯一编号。职工证统一采用"职"冠字头加数字的编码形式，将全军"正式职工数据库登记号"作为证件编号。

| 新闻台 |

张家口宁远机场推出"军人依法优先"绿色通道服务

2017年7月,张家口宁远机场推出"军人依法优先"绿色通道服务。军人旅客从张家口机场出行时,从购买机票到办理值机手续再到通过安检,都可以享受"军人依法优先"绿色通道服务。

在购买机票后,售票员会温馨提示军人旅客享受"军人依法优先"绿色通道服务,军人旅客可以凭有效证件在"军人依法优先"柜台办理值机及行李托运手续,同时为其所持登机牌及托运行李粘贴"军人依法优先"标识,方便后续安检、登机、目的地提取行李等环节的快速识别,使军人旅客在之后的乘机过程中继续享受优先服务。安检通道有明显"军人依法优先"标志牌,军人旅客可从此通道快速过检。登机时,军人旅客可从登机口专用通道优先登机。

此次"军人依法优先"通道的开通,有别于之前开通的"军人绿色通道"。依法优先通道突出"依法",能够覆盖值机、安检、登机各个环节,提供全流程"一条龙"服务,且优待对象扩大至随行家属。此项更加规范、全面、高效的"军人依法优先"绿色通道服务,不但提升了军人的自豪感和荣誉感,而且民航人用实际行动表达了对军人的尊重与关爱。

(六)海员证

海员证是海员出入本国国境和在境外通行使用的有效身份证件。中华人民共和国海员证是由中国海警局或其授权的海事机关颁发,航行国际航线的中国籍船舶上工作的中国海员和由国内有关部门派往外国籍船舶上工作的中国海员均可获得海员证(见图6-10)。

海员证包含签发国的声明,用于向其他所有国家表明持有人为本国公民身份,并且请求允许其持有人过境,同时享有国际法所规定的待遇。中华人民共和国海员证与中国护照内的声明相似,先用中文写

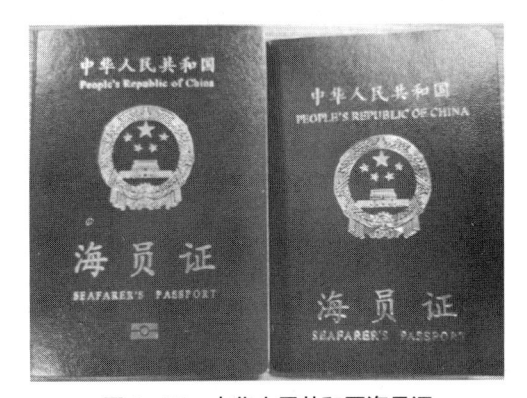

图6-10 中华人民共和国海员证

出，后用英文表述。

中华人民共和国海员证的封皮为深蓝色，有效期为5年。封二页为个人资料页，记载的信息与排版的方式与护照相仿，具体内容主要包括类型、签发国代码、海员证号码、姓名、性别、国籍、出生地点、出生日期、签发日期、有效期限及签发机关等。此外，证件还设有符合国际民航组织规范的机读条以及使用了带有"长城"水印图案的专用纸张在内的大量防伪技术。

二、香港、澳门居民乘机有效证件

香港、澳门居民乘机的有效证件是港澳居民来往内地通行证。港澳居民来往内地通行证，俗称回乡证，由中华人民共和国出入境管理局（国家移民局，一个机构两块牌子）签发。

港澳居民来往内地通行证为卡式证件，证件主要包括的内容有姓名、出生日期、性别、有效期限、签发机关、证件号码、换证次数、香港/澳门身份证件姓名、香港/澳门身份证件号码等，通行证均应印有持照人的照片。此外，通行证号码共九位，一人一号，终身不变。第一位为英文字母，首次申请地在香港的为"H"，首次申请地在澳门的为"M"；第二位至第九位为阿拉伯数字。

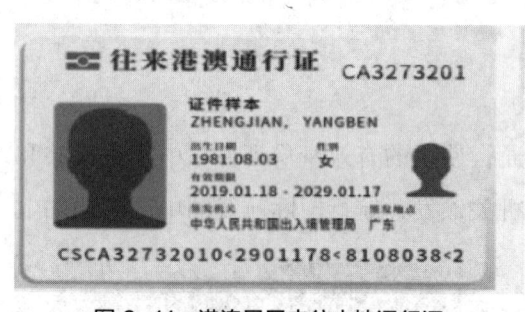

港澳居民来往内地通行证的有效期分为5年和10年。申请人年满18周岁的，签发10年有效通行证；未满18周岁的，签发5年有效通行证（见图6-11）。

图6-11 港澳居民来往内地通行证

三、台湾居民乘机有效证件

台湾居民乘机的有效证件是台湾居民来往大陆通行证。台湾居民来往大陆通行证，简称台胞证，由中华人民共和国出入境管理局签发，是台湾居民往来大陆地区所持有的证件（见图6-12）。

台湾居民来往大陆通行证为卡式证件，证件主要包括的内容有姓名、出生日期、性别、有效期限、签发机关、签发地点、证件号码、签发次数、台湾身份证姓名、台湾身份证件号码等，通行证均应印有持照人的照片。

台湾居民来往大陆通行证可分为一次有效和 5 年有效。一次有效即签发三个月内一次有效，5 年有效是指在有效期限内多次有效。

图 6-12　台湾居民来往大陆通行证

四、外籍旅客乘机有效证件

外籍旅客乘机的有效证件是护照、外交部签发的驻华外交人员证及外国人永久居留身份证。

（一）外交部签发的驻华外交人员证

外交部签发的驻华外交人员证是由中华人民共和国外交部发给各国驻华使馆的外交代表及其配偶的一类身份证件。外交人员的身份证件有效期最长为 3 年，如持证人在华任职期超过 3 年，则需在证件有效期满前 1 个月由使馆照会礼宾司为其申请办理延期手续，为持证人换发有效期为 1 年的新身份证件。持证人离职时，使馆应在持证人离开中国后 3 日内照会礼宾司，并随照会退回其身份证件，以便注销（见图 6-13）。

图 6-13　外交人员证

（二）外国人永久居留身份证

外国人永久居留身份证，由中华人民共和国公安部签发，是外国人在我国境内证明自己身份的合法证件，是外国人永久居留并享受在华资格待遇的有形凭证。

外国人永久居留身份证参照第二代居民身份证标准设计制作，内嵌非接触式集成电路芯片。证件登记项目包括持证人姓名、性别、出生日期、国籍、有效期限、签发机关和证件号码等。持证人个人资料和证件签发管理信息同时存入芯片，可以使用第二代居民身份证阅读机进行读取（见图 6-14）。

外国人永久居留身份证的有效期为 5 年或 10 年。被批准在中国永久居留的未满 18 周岁的外国人，发给有效期为 5 年的外国人永久居留身份证；被批准在中国永久居留的 18 周岁以上的外国人，发给有效期为 10 年的外国人永久居留身份证。

图 6-14 中华人民共和国外国人永久居留身份证

五、其他可以乘机的有效证件

（1）全国人大代表、全国政协委员，凭本届全国人大代表证、全国政协委员证可以乘机。

（2）人民解放军、人民武装警察部队院校学员，凭学员证可以乘机。

（3）出席全国、省、自治区、直辖市的党代会、全国人大会、政协会、工会、共青团、妇女联合会代表大会和劳模会议的代表，凭所属县、团级（含）以上党政军主管部门出具的临时身份证明可以乘机。

（4）内地旅客的居民身份证在户籍所在地以外被盗或丢失的，凭案发、报失地公安机关出具的临时身份证明可以乘机。

（5）16 周岁以下的中国内地居民的有效乘机身份证件，还包括出生医学证明、户口簿、学生证或户口所在地公安机关出具的身份证明。

任务二　识别机场控制区通行证件的相关知识

机场控制区（见图 6-15）通行证件一般分为人员证件和车辆通行证件。人员证件又可分为全民航统一制作的人员证件、民航各机场制作的人员证件以及其他人员通行证件。

图 6-15　机场控制区（机场大厅）

一、全民航统一制作的人员证件

（一）空勤登机证

空勤登机证适用于全国各民用机场控制区（含军民合用机场的民用部分）。

空勤人员执行飞行任务时，应穿着空勤制服（因工作需要穿着其他服装的除外），携带空勤登机证，经过安全检查进入候机隔离区或登机。因临时租用的飞机或借调人员等原因，空勤人员需登上与其登机证适用范围不同的其他航空公司飞机时，机长应主动告知飞机监护人员。

|新闻台|

民航新版空勤登机证正式启用

2014 年 7 月 15 日，根据民航局公安局统一部署，民航新版空勤登机证在全国范围内正式启用。民航二所航空安全技术分公司受民航局公安局委托，承担了全部新版证件的制作和初始化工作。截至 2014 年 7 月 14 日，民航二所航空安全技术分公司制作和交付的新版空勤证共 9.3 万余张，圆满地保证了新版空勤登机证的按时正常启用。

民航新版空勤登机证由民航二所航空安全技术分公司全程策划设计，采用了 RFID（射频识别）芯片植入和防伪技术，极大地提高了空勤登机证的安全性，也满足了民航局机读查验要求。民航二所航空安全技术分公司针对新版空勤登机证还配套自主研发了证件制作管理系统、证件联网管理平台和证件机读查验系统，新研发的系统已在各授权制证航空公司、各民航地区管理局和国内数十家机场安装使用。

（二）航空安全员执照

航空安全员执照是由民航局公安局统一制发，只适用于专职航空安全员，适用范围与空勤登机证相同。

| 知识角 |

民航科普：空警和航空安全员有什么区别？

航空安全员，又称飞行安全员，其职责是保卫机上人员与飞机的安全，处置机上非法干扰及扰乱性事件。

1973年，国务院、中央军委决定在国际航班上派遣安全员，组建了航空安全员队伍，执行安全保卫任务；1982年，国务院批准在国际和国内主要干线航班上增配安全员；1983年，中央根据当时国内治安形势的发展变化和保证空防安全的需要，决定将机上安全员工作改由武警承担；1987年，国务院再次批准民航组建航空安全员队伍。

航空安全员分为专职安全员与兼职安全员，专职安全员多为公安武警和退伍士兵以及特招人员，兼职安全员多是从现有的空乘人员中挑选出来的，部分兼职安全员还要承担客舱服务工作。航空安全员在飞机上的具体座位安排，首先是由航空公司和机长根据航班安全等级不同而按照需要确定的，并不一定坐在某个固定位置。

空警与安全员在飞机上的职责基本是相同的，区别在于身份及隶属关系不同：空警是警察，是公务员，航空安全员是航空公司职工。以中国南方航空公司为例，目前共有空警近500名，安全员约2000名。空警和安全员都必须在机长的领导下进行工作。

（三）特别工作证

特别工作证全称为中国民用航空局特别工作证，由民航局公安局制发和管理。

特别工作证持有者可免检进入全国各民用机场控制区、隔离区或登机（不代替机票乘机）检查工作。进入上述区域时，持该证者要主动出示证件。

| 新闻台 |

民航局取消签发和使用公务乘机通行证

2017年10月10日，民航局发布《关于取消签发和使用公务乘机通行证的通知》（以下简称《通知》），决定从2017年10月15日起取消签发和使用公务乘机通行证。这意味着公务乘机"搭便车"现象将退出历史舞台。

公务乘机证设立之初主要是为了加强民航安全检查，方便机务保障人员执行任务，无论是管制员、签派员、飞行员、民航局方面的检查代表，还是民航机务实习人员，只要持"公务乘机通行证"（业内俗称"红单子"）就可以在计划外加入机组"搭便车"。然而，随着发放证件基数的增长，有些地区存在审批不严格等问题，致使航空公司承运了大量免费乘机人员。

《通知》指出，各证件使用单位要立即研究并启用证件取消后可行的替代措施，确保企业运行和正常工作不受影响。对于民航局方面的公务活动、公司生产运行、飞行学员训练飞行等确有进出机场控制区工作需要的，应按照空勤登机证管理和机场控制区管理要求尽快向相关单位提出机场通行证件申办申请，各空勤登机证制发单位、各机场公司、各机场公安机关要积极配合做好相关审核、制发工作。

《通知》还要求，证件取消后，各安检机构要加大检查力度，坚决防止违规使用证件进出机场控制区事件发生。一旦发现，应立即将证件没收，并通报所在地区管理局公安局或监管局空防处，由管理局公安局指导监管局空防处进行销毁和调查，并联合机场公安机关依法进行处理。

民航取消公务乘机通行证，是堵住"搭便车"行为的有效举措，可以消除特权、保护公平。对民航系统的职工而言，飞机属于社会公共资源，除机组人员，其他人乘机都需购买机票才行；确需"加机组"，也仅限于执行任务之时。当公务乘机通行证频频成为"关系证""人情证"，就会对公共资源造成巨大浪费，也有损社会公平。

二、民航各机场制作的人员证件

除民航统一制作的证件外，民航各机场还可自行制作证件，这类证件是根据管理的需要，由所在机场制发的有不同用途和使用范围的证件。从时限上划分，可分为长期、临时和一次性证件；从使用范围上划分，可分为通用、客机坪、候机楼隔离区、国际联检区等区域性证件；从使用人员上划分，可分为民航工作人员、联检单位工作人员和外部人员等各类人员的证件。

这些证件无论如何划分，在外观颜色、规格上可能不尽相同，但其内容要素都没有太大的区别。

（一）民航工作人员通行证

民航工作人员通行证是发给民航内部工作人员因工作需要进出某些控制区域的通行凭证，由所在机场统一制发和管理。虽然各机场的这类证件外观式样、颜色各不相同，但都必须具备以下项目：机场名称、证件编号、持证人近期照片、有效起止时间、持证人姓名、持证人单位、签发机关（盖章）、允许通行（到达）的区域等，并应在证件背面标有相关的区域说明。

允许通行和到达的区域一般分为候机隔离区（分国际和国内两部分）、客机坪、国际联检厅、客舱、货舱、航空器维修区等。

（二）联检单位人员通行证

联检单位人员通行证适用于对外开放的有国际航班的机场，主要发给在机场工作的联检单位的有关工作人员。这些单位一般包括海关、公安边防、卫生检疫、动植物检疫、口岸办、出入境管理部门等。

此证由所在机场制发和管理，其使用范围一般只限于与持证人工作相关的区域，内容要素与上述民航工作人员通行证相同。

（三）外部人员通行证

外部人员通行证的使用人员为因工作需要而准许进入机场有关区域的民航以外的有关单位的工作人员。这类证件又分为"专用"和"临时"两种，二者区别在于：专用证有持证人照片，而临时证则无持证人照片；专用证的登记项目内容与民航工作人员通行证、联检单位人员通行证相同，而临时证则没有那么多内容，但必须有允许通行（到达）的区域标记。

此证一般与本人身份证同时使用，持外部人员通行证者，必须经过安全检查后方可进入隔离区、客机坪。

（四）专机工作证

专机工作证是由民航公安机关制发，一般为一次性有效证件，主要发给与本次专机任务有关的领导、警卫等有关工作人员。凭专机工作证可免检进入与本次专机任务相关的工作区域。

专机工作证的式样、颜色不一，但都应具备以下基本内容和要素："专机工作证"字样、专机任务的代号、证件编号、颁发单位印章、有效日期等。专机工作证的颜色应明显区分于本机场其他通行证件的颜色，以便于警卫人员识别。

|知识角|

专机

专机是指为某人、某事特别飞行的飞机，或某人专用的飞机。根据中共中央、国务院、中央军委的规定，党中央委员会总书记、国家主席、全国人大常委会委员长、国务院总理、中央军委主席、全国政协主席、中央政治局常委、国家副主席乘坐的专用飞机，以及外国国家元首、政府首脑、执政党最高领导人乘坐的我国专用飞机都被称为专机。

（五）包机工作证

包机工作证是由民航公安机关制发和管理，发给与航空公司包机业务有关的人员，持证人凭证可进入与包机工作相关的区域。证件内容根据使用时间的长短而定，短期的应贴有持证人照片，一次性的可免贴照片。

|知识角|

包机

包机是指根据公共航空运输企业与包机人所签订的包机合同而进行的点与点之间的不定期飞行。包机根据类型分为民航包机和公务包机两大类。民航包机主要指租用民航公司的民航客机执行非周期性、非固定航线的飞行任务，公务包机主要指租用公务机公司的公务机执行非固定航线。

三、其他人员通行证件

（一）押运证

押运证有多种形式和式样，此证主要适用于有押运任务的单位和负责押运任务的工作人员。担负机要文件、包机和特殊货物任务的押运人员，在飞机到达终点站或中途站时，可凭押运证在客机坪监卸和看管所押运的货物。

（二）军事运输通行证

军事运输通行证以有军事运输任务的机场公安机关颁发的为准，使用人员应是与军事运输工作相关的人员，可凭证件到达与军事运输相关的区域。此证件应注明持证人单位、姓名、有效期限并加盖签发单位印章。

（三）侦察证

侦察证，全称为中华人民共和国国家安全部侦察证，由国家安全部统一制作、签发，全国通用。侦察证的式样和内容为：封面为真皮质地，朱红色，印有"中华人民共和国国家安全部侦察证"字样和由盾牌、五星、短剑及"国家安全"字样组成的徽章图案；里面印有持证人的照片、姓名、性别、单位、职务编号、签发机关及行使的职权。

国家安全机关的工作人员，因工作需要进出当地机场隔离区、客机坪时，凭机场通行证件通行；在外地执行任务时，凭省、自治区、直辖市国家安全机关介绍信（国家安全部机关凭局级单位介绍信）和侦察证进入上述区域。

国家安全机关的工作人员持侦察证乘机执行任务时，机场安检部门按正常安检程序对其实施安全检查。

四、车辆通行证

凡进入机场控制区的车辆都必须持有专用的通行证件。各机场的车辆通行证样式不尽相同，但一般应具备以下基本内容和要素：机场名称、车辆的车型及号牌、可通行的控制区域、准许通行的道口、车辆使用单位、证件编号、有效期限、签发单位等。

任务三　证件检查的程序及方法

一、证件检查的准备工作

（1）验证员应按时到达工作现场，做好上岗前的准备工作。在与同事办理交接手续时应包括以下内容：上级的文件、指示，执勤中遇到的问题及处理结果，设备的使用情况，遗留问题及需要注意的事项等。

（2）验证员到达验证岗位后，应将安检验讫章放在验证台相应的位置。

（3）检查安检信息系统是否处于正常工作状态，并输入 ID 号进入待检状态。

需要注意的是：验证员在检查证件时，还应遵守安检验讫章使用管理制度。验讫章实行单独编号、集中管理的模式，落实到各班组使用。验讫章不准带离工作现场，如遇特殊情况需要带离时，必须经安检部门值班领导批准。

二、证件检查的程序

（1）人、证对照。检查人员接证件时，要注意观察持证人的五官特征，再看证件上的照片与持证人五官是否相符。如有疑问，务必核实清楚，必要时请示值班领导。

（2）"四核对"。一是核对证件上的姓名与机票上的姓名是否一致；二是核对机票是否有效，有无涂改痕迹（电子机票无须核对此项）；三是核对登机牌所注航班是否与机票一致；四是核对证件是否有效。

（3）扫描旅客的登机牌，自动采集并存储旅客的相关信息，同时查对持证人是否为查控对象。

（4）查验无误后，按规定在登机牌上加盖验讫章，并予以放行。

| 典型案例 |

安检提醒：登机牌必须加盖安检验讫章才有效

旅客李小姐因为害怕登机牌丢失引来麻烦，为保险起见打印了两张登机牌，但最终还是给自己的行程带来了一些麻烦。

2010年7月16日8时左右,机场值机人员告诉安检人员,有一位小姐持一张没有加盖安检验讫章的登机牌登机,安检人员及时赶到现场并询问李小姐具体情况,李小姐面对询问道出实情,因为害怕登机牌丢失就自行在家打印了一张登机牌,到达机场后又在值机柜台办理了另外一张登机牌,就在登机时她发现安检时出示的那张登机牌不见了,只得用自己的备用登机牌登机。

张小姐自认为万无一失,没想到在登机时必须使用加盖安检验讫章的登机牌,否则不允许登机,为了安全起见,安检人员将李小姐带到安检现场并通过现场监控核实,该旅客确实是拿了另外一张登机牌进行安检的,安检人员这才放心帮助李小姐重新加盖安检验讫章使其顺利登机。

安检人员提醒:登机时使用的登机牌必须加盖安检验讫章,旅客在通过安检之后应当妥善保管好自己的登机牌,以免误机。

三、证件检查的方法

查验证件时应采取检查、观察和询问相结合的方法,具体为一看、二对、三问。

(1)看:就是对证件进行检查,注意甄别证件的真伪,认真查验证件的外观式样、规格、塑封、防伪标记、照片、印章、颜色、字体、印刷以及编号、有效期限等。主要是识别证件特征是否与规定相符,有无变造、伪造的疑点。检查二代身份证件时,应通过证件外观和数字防伪等主要特征进行辨别,也可利用专业证件阅读器进行扫描辨别真伪,要注意查验证件的有效期。

(2)对:就是观察辨别持证人与证件照片的性别、年龄、相貌特征是否吻合,有无疑点。

(3)问:就是对有疑点的证件,通过简单地询问其姓名、年龄、出生日期、生肖、单位、住址等,进一步加以核实。

四、机场控制区通行证件的检查方法

查验机场控制区通行证件,应以民用航空主管部门及本机场有关文件为准。

全国各机场使用的控制区通行证件代码有所不同,主要用以下几种方式表示不同的区域:

·用阿拉伯数字（1,2,3,4……）表示允许持证人通过（到达）的区域；
·用英文字母（A，B，C，D……）表示允许持证人通过（到达）的区域；
·用中文直接描述允许持证人通过（到达）的区域。

（一）进入机场控制区证件检查的一般方法

（1）看证件外观式样、规格、塑封、印刷、照片是否与规定相符，是否有效。

（2）检查持证人与证件照片是否一致，确定是否为持证人本人。

（3）看持证人到达的区域是否与证件限定的范围相符。

（4）如有可疑，可向证件所注明的使用单位或持证人本人核问清楚。

（二）对工作人员证件的检查

（1）看证件外观式样、规格、塑封、印刷、照片是否完好、正常，证件是否有效；检查持证人与证件上的照片是否一致；检查持证人证件的适用区域。

（2）检查完毕，将证件交还持证人。经查验后符合的放行，不符合的拒绝进入。

（三）对机组人员的查验

（1）对机组人员需要查验空勤登机证，做到人证对应。

（2）对加入机组的人员应查验其有效身份证件、加入机组证明信或工作证件。

（四）对一次性证件的查验

当持证人进入控制区相关区域时，验证员应查验其所持一次性证件的通行区域范围、权限和日期。具体办法按各机场有关规定执行。

五、证件检查的注意事项

（1）检查中要注意查看证件上的有关项目是否有涂改的痕迹。

（2）检查中要注意发现冒名顶替的情况，注意观察持证人的外貌特征是否与证件上的照片相符。若发现可疑情况，应对持证人仔细查问。

（3）注意观察旅客穿戴有无异常，如遇戴墨镜、口罩、围巾、帽子等有伪装嫌疑穿着的，应请其摘下遮挡物，以便准确核对。

（4）查验证件时要注意工作方法，做到态度和蔼、语言得体，以免引起旅客的不悦或反感。

（5）验证中应有条不紊，集中精力，防止出现漏验证件或漏盖验讫章的情况。

（6）验证中要注意发现通缉、查控对象。

（7）验证中发现疑点时，要慎重处理，及时报告。

（8）注意根据机场流量以及验证、前传、引导、人身检查等岗位的要求适时验放旅客。

|新闻台|

昆明长水国际机场启用比对系统，安检进入"刷脸"时代

"您好，请往里走，眼睛注视镜头！"虽然旅客身份证照片与本人相貌一致性较高，但经系统比对后却显示"验证失败"。这是一位旅客在昆明长水国际机场通过安检时出现的一幕。这时，安检人员只好通知机场民警到场，对旅客疑似冒用的身份证件进行处理。通过机场民警排查证实，该旅客使用的是其亲姐姐的身份证。

2017年7月，长水机场最新引进的这套"安检人证比对辅助系统"，内置二代身份证读卡器、200万像素高清摄像头、多尺寸液晶屏，并配合先进的人脸算法，从持证人核验证件、现场采集照片开始，到反馈比对结果，整个过程耗时不到1秒，平均精确度高达99%，是一套非常先进的人脸识别系统，能够有效提高安检验证工作效率。自长水机场全面启用"安检人证比对辅助系统"后，安检通道已经陆续查获多起冒用证件过检的旅客。

一直以来，昆明长水国际机场在安全检查中都是采取"人证对照"为主的检查方式，在检查过程中逐渐形成了"联想检查法""异常行为识别法"等方法。而"安检人证比对辅助系统"所具有的识别能力强、响应速度快等特点，对人工识别有一定的辅助作用，可以增强证件识别准确率，有效加大安全检查力度，既能快速识别乘机人的身份真实可靠性，又能为过检旅客提供快捷高效的智能体验。

任务四　识别涂改、伪造、变造及冒名顶替证件的相关知识

一、识别涂改证件

在检查中要注意查看证件上的姓名、性别、年龄、签发日期等项目是否有涂改的痕迹。涂改过的证件一般笔画粗糙、字迹不清，或留有污损的痕迹。只要仔细观察，涂改证件通常用肉眼即可分辨。

|典型案例|

嫌证件照太丑私贴新照覆盖　旅客被机场安检拦下

2017年11月21日18时左右，在广州白云国际机场B区18号安检通道发生了一件有趣的事：一位旅客在通过安检时，差点被交送机场公安机关，原因是涂改相关证件，而旅客给出的理由让人哭笑不得！

事情是这样的，一名20岁出头的花季少女，来到广州白云国际机场准备乘机返回家乡。待其办好乘机手续，来到安检口接受安全检查时，少女把身份证和登机牌递给验证员，验证员立马察觉到该旅客证件异常，便问道："您这身份证怎么是红底的照片？"这时少女解释道："我嫌身份证照片太丑，所以才换成了这个。"验证员按照程序报告了值班领导，并将旅客证件上所粘贴的红色照片撕了下来，验证员对旅客的证件认真核对后，证实了这身份证是该旅客本人的，同时对该旅客进行了从严检查，鉴于该旅客证件是本人使用，且无恶意行为，值班领导对旅客进行了批评教育后给予放行。

二、识别伪造、变造证件

检查中要注意甄别证件的真伪，认真检查证件的外观式样、规格、塑封、照片和印刷等。主要识别证件特征是否与规定相符，有无伪造、变造的疑点。具体可以从以下方面识别。

（1）真证规格统一，图案、防伪标记齐全清晰；假证规格不一，手感较差，图案模糊不清，标记不清、不全。

（2）真证内芯纸质优良、字迹规范、文字与纸张一体；假证一般内芯纸张粗糙、字迹不清、排列不齐，文字凸显纸上。

（3）真证印章边缘线宽窄一致、图案清晰，印章中字体大小一致、均匀规范，印油颜色深入纸张；而假证印章边缘宽窄不一、图案模糊，印章中字体大小不一、粗细不一，印油颜色不均匀、发散。

（4）对疑似揭换过照片的证件，可用透光检查查看重贴照片的边缘是否有明显的粘贴痕迹，是否存在薄厚不均的现象。

（5）在紫光灯下，真的居民身份证的印章显示红色荧光，而伪造的证件可能无荧光出现。

（6）将身份证通过放大镜和特别灯光照射，可以发现真证的网纹、照片、登记内容有明显的立体层次；而伪造证件的照片、网纹、登记内容却在同一平面上，显得比较呆板。

| 典型案例 |

旅客使用伪造证件乘机被机场查获

2017年4月30日12时左右，旅客代先生从厦门高崎国际机场T4航站楼准备乘机前往西安。

在验证台前进行证件检查时，安检验证员小燕微笑着说："先生您好！请出示身份证件与登机牌。"代先生将登机牌与身份证一同递给了小燕。在接过代先生的身份证时，小燕发现该证件与普通二代居民身份证件不一样：代先生的这个证件很薄而且质感和做工都显得很粗糙，证件上的照片也略显模糊，通过二代居民身份证检测仪时也没有任何反应。小燕立刻通知开机员将身份证通过X射线机检查确认，根据图像显示，该身份证里面根本没有芯片，小燕怀疑旅客携带的身份证是假证，随即通知了值班领导。经询问，原来代先生是由于身份证丢失才用了假证，而且之前乘坐火车都没有被查出，所以就想到机场碰碰运气。情况了解清楚之后，安检人员将代先生及携带的假身份证件一同移交机场公安机关处理。

三、识别冒名顶替证件

检查中要注意查处冒名顶替证件的情况。要先看人后看证，注意观察持证人的外貌特征是否与证件上的照片相符，主要观察其五官的轮廓和分布，如眼睛的距离与大小形状，嘴唇的厚薄与形状，以及面部轮廓，主要是颧骨及下颌骨的轮廓等。如发现可疑情况，应对持证人仔细查问，核实情况。

|典型案例|

石家庄正定机场安检查获冒用他人身份证件乘机旅客

2018年6月26日6时左右，石家庄正定机场安检验证员在对一名女性旅客实施证件检查时，发现该旅客脸部轮廓虽然与身份证件照片大体相似，但部分五官有差别。验证员仔细翻看证件发现，上面显示发证日期为2018年1月，短短5个多月的时间，该旅客相貌发生变化十分异常。为进一步确认，验证员对其身份信息进行了询问，该旅客在回答时明显迟疑，并一再称是减肥导致脸型与证件不符。为排除疑点，验证员在征得该旅客同意后，对其手机照片进行了查看，经与手机内本人生活照片对比后，发现确实为冒名顶替人员。最终该旅客承认是冒用了他人身份证件乘机。按照相关规定，验证员随即通报值班领导后将这名旅客移交机场公安机关处理。

冒用、出租、出借身份证同属违法行为。根据《中华人民共和国居民身份证法》的相关规定，冒用他人居民身份证或者使用骗领的居民身份证的以及购买、出售、使用伪造、变造的居民身份证的，公安机关处200元以上1000元以下罚款，或10日以下拘留，对伪造、变造和骗领的居民身份证，公安机关予以收缴。伪造、变造居民身份证的，依法追究其刑事责任。

此外，《关于在一定期限内适当限制特定严重失信人乘坐民用航空器推动社会信用体系建设的意见》规定：对在机场或航空器内，使用伪造、变造或冒用他人乘机身份证件、乘机凭证的旅客，将采取限制乘坐民用航空器的措施。

四、旅客证件存在问题时的处置方法

（1）发现旅客的证件存在问题时，安检人员首先要将旅客的证件或登机牌掌握在自己手中，并密切关注旅客。

（2）在密切关注旅客的同时，应及时联系现场值班领导。

（3）等现场值班领导到达后，向值班领导报告证件检查情况，并将相关手续及旅客转交给值班领导进行处理。

（4）确认旅客系持涂改、伪造、变造、冒名顶替证件乘机的，应立即报告值班领导并做好登记，然后移交机场公安机关审查处理。

任务五　在控人员的查缉与控制方法

查控工作是一项政策性较强的工作，它是通过公开的检查形式，发现、查缉、控制恐怖分子、预谋劫机分子、刑事犯罪和经济犯罪分子、走私贩毒和其他犯罪分子的一种手段。安检过程中要认真对待查控工作，不容忽视。

一、发现查控对象时的处理方法

检查中发现查控对象时，应根据不同的查控要求，采取不同的处理方法。

发现通缉的犯罪嫌疑人时，要沉着冷静、不露声色，待其进入安检区后，按照预定的方案进行处置；同时报告值班领导，尽快与布控单位取得联系；将犯罪嫌疑人移交布控单位时做好登记，填写移交清单并双方签字；对同名同姓的旅客在没有十足把握的情况下可移交公安机关处理。

二、接控的程序和方法

接控的程序及方法主要有以下几项。

（1）公安、安全等部门要求查控时应通知机场公安机关，安检部门不直接接控。

（2）接控时，应查验《查控对象通知单》等有效文书，查控通知应具备以下内容和要素：布控手续齐全，查控对象的姓名、性别、所持证件编号、查控期限和要求、联系单位、联系人及电话号码。

（3）接控后要及时安排布控措施。

（4）如遇特殊、重大、紧急的布控而来不及到机场公安机关办理手续时，安检部门在查验有效手续齐全的情况下可先布控，但应要求布控单位补办机场公安机关的手续。

（5）验证员应熟记在控人员名单和主要特征。

（6）安检部门要定期对布控通知进行整理，对已超过时限或已撤控的通知及时进行清理。

|典型案例|

绵阳机场安检站协助公安查获一名涉案人员

2019年3月21日6时37分，绵阳南郊机场旅检A区4通道验证员在执行安检工作中发现，一名30多岁的男性旅客何某在出示证件时神色慌张，安检验证系统弹出该旅客系布控通缉犯信息。

面对突发情况，验证员发挥优良的安检工作作风，沉着冷静、认真核实旅客身份信息。随即，何某开始询问验证有什么问题。验证员利用专业知识，安抚并稳住了何某，同时向通道内其他安检人员发出暗号，安检人员将何某人身及行李过检无问题后，立即将其控制起来。根据机场公安机关介绍，何某为网上在逃诈骗人员，已将其移交至相关公安机关做后续处理。

|项目实训|

"慧眼"识假证

实施步骤：

步骤一：教师提供一些军人证类、护照类及机场控制区通行证件类等有效证件，让学生对照所学内容认真查看各类证件，学会准确查验证件的相关方法。

步骤二：请同学们自行分组，6人为一组。其中，1名同学扮演验证人员，其余5名同学扮演旅客，模拟安检时的证件检查。

步骤三：扮演旅客的同学所持证件中有真证也有假证，扮演验证人员的同学需要在规定的时间内正确查验出各类证件。一轮检查结束后，同学们互换身份。

步骤四：每组选出在规定时间内查验证件最迅速、最准确，遇到异常情况处置方法最得当的同学。

注意：扮演旅客的同学应根据本项目所学知识或自身经验为证件检查提高难度。

项目评价：

请根据表6-1对上述任务实施的结果进行评价。

表6-1 任务实施检测

评价内容	分值	评分	备注
熟知各类乘机有效身份证件及其相关知识	30		
熟知各类机场控制区通行证件及其相关知识	30		
能够掌握证件检查的程序及方法	20		
证件存在异常情况时可以得当处置	20		

项目学习效果综合测试

一、单项选择题

1. 少数民族的身份证件同时采用汉字与少数民族文字。其中一种排版格式是（　　）在前，汉文在后。

　　A. 藏文　　　　B. 维吾尔文　　　C. 蒙古文　　　　D. 朝鲜文

2. 临时居民身份证的有效期限为（　　），有效期限自签发之日起计算。

　　A. 1个月　　　B. 3个月　　　　C. 半年　　　　　D. 1年

3. 公务护照的封皮颜色为（　　）。

　　A. 红色　　　　B. 墨绿色　　　　C. 深棕色　　　　D. 红棕色

4. 空勤登记证、航空安全员执照、特别工作证均属于（　　）。

　　A. 有效乘机证件　　　　　　　B. 全民航统一制作的人员证件

　　C. 工作证件　　　　　　　　　D. 由各航空公司保卫部制发的人员证件

5. （　　）不属于民航各机场制作的人员证件。

　　A. 民航工作人员通行证　　　　B. 侦察证

　　C. 专机工作证　　　　　　　　D. 联检单位人员通行证

6.验讫章实行单独编号、集中管理的模式，落实到各（　　）使用。

A.个人　　　　B.通道　　　　C.班组　　　　D.安检站

二、填空题

1.乘机有效证件可归纳为四大类：居民身份证件、_____类证件、护照类证件和其他可以乘机的有效证件。

2.二代居民身份证具备_____和机读两种功能。

3.机场控制区通行证件一般分为人员证件和_____通行证件。

4.民航各机场自行制作的证件，从时限上划分，可分为长期、临时和_____证件。

5.查验证件时应采取检查、观察和询问相结合的方法，具体为一看、二_____、三问。

6.旅客持涂改、伪造、变造、冒名顶替证件乘机的情况，一旦发现，应立即报告值班领导，并做好登记，然后移交机场_____机关审查处理。

三、简答题

1.乘机有效证件可归纳为哪几大类？

2.机场控制区通行证件有哪些？

3.简述证件检查的程序和方法。

4.简述如何识别伪造、变造证件。

5.简述发现查控对象时的处理方法。

项目七　人身检查

◆ 项目导读

人身检查是安检工作中难度最大、任务最重的一部分。进行人身检查时，不仅要求检查的准确率和速度，还要求安检人员的动作规范、准确。在检查中，安检人员必须时刻打起精神，提高警惕，严防任何细小违禁品漏查。此外，人身检查员还应具有专业的业务技能，准确识别违禁品的能力，才能有效地将影响空防安全的隐患堵截在地面。

◆ 知识目标

1. 了解人身检查的定义及相关要求。
2. 了解人身检查设备的定义及相关要求。
3. 了解手工人身检查的相关知识。
4. 了解仪器人身检查的相关知识。

◆ 技能目标

1. 掌握人身检查的重点对象及部位。
2. 能够正确使用人身检查的设备。
3. 掌握手工人身检查的方法及相关操作。
4. 掌握仪器人身检查的方法及相关操作。

|情景导入|

男子穿充电加热靴子坐飞机　换鞋才赶上航班

2016年12月的一天，青岛流亭国际机场安检通道内发生了这样一件事：一名男性旅客因穿着锂电池鞋而被阻止上飞机。

当天，该男子身穿一件灰色羽绒服，脚穿一双棉靴，安检人员对其进行人身检查时，发现鞋子外形结构十分异常，于是在给旅客解释后，要求旅客把鞋子脱下过 X 射线机检查。

经过检查，开机员发现鞋子内部装有锂电池，并且带有开关，于是立即通知人身检查员对鞋子进行再次检查。最后，安检人员通过了解得知，原来这名旅客穿的是一双带加热功能的棉鞋，可以充电加热，以达到保暖效果。但根据民航局的相关规定，旅客携带的锂电池必须有明确的容量标识，而这双鞋子内没有任何标识，锂电池存在一定安全隐患。待安检人员向旅客解释后，旅客表示非常理解。为了大家的安全，旅客选择让送行人员带回，换了一双其他的鞋子登机。

任务一　人身检查的基本知识

一、人身检查的定义

人身检查是指采用公开的仪器和手工相结合的方式，对旅客人身进行安全检查，其目的是发现旅客身上藏匿的危险品、违禁品以及限制物品，保障民用航空器及其所载人员的生命、财产安全（见图 7-1）。

在安检现场工作中，对旅客进行人身检查通常有两种方法：仪器检查和手工检查。人身检查应遵循由上到下、由里到外、由前到后的顺序。

图 7-1　人身安检

二、人身检查的重点对象

人身检查的重点对象主要有以下几种。

（1）精神恐慌、言行可疑、佯装镇静者。

（2）冒充熟人、假献殷勤、接受检查时过于热情者。

（3）表现不耐烦、催促检查，或者言行蛮横、不愿接受检查者。

（4）窥视检查现场、探听安全检查情况等行为异常者。

（5）搭乘航班已经开始登机才匆忙赶到安检现场者。

（6）公安部门、安检部门通报的嫌疑人和群众揭发的有可疑言行者。

（7）上级或有关部门通报的来自恐怖活动频繁的国家和地区的人员。

（8）着装与其身份不相符或不合时令者。

（9）中年、青年男性旅客。

（10）根据空防安全形势需要有必要采取特别安全措施航线的旅客。

（11）有国家保卫对象乘坐的航班的其他旅客。

（12）检查中发现的其他可疑者。

三、人身检查的重点部位

人身检查的重点部位包括以下几项。

（1）头部：头部容易被人忽视，但却是可以藏匿物品的部位。例如，可在头发或帽子中藏匿小刀、打火机等小体积的违禁物品。

（2）肩胛：肩胛部位可用于捆绑或粘贴较大体积的违禁物品，如匕首等。

（3）胸部：胸部容易藏匿危险品，如手枪、匕首、炸药等，特别是女性。

（4）手部（手腕）：手部容易佩戴或粘贴体积较小的违禁品，如手环式打火机、镁棒等。

（5）臀部：臀部下部容易被用来藏匿危险品。

（6）腋下：腋下最容易藏匿危险品，应特别注意仔细检查。

（7）裆部：裆部具有私密性，因而藏匿危险品、毒品情况较多，检查中不容忽视。

（8）腰部：腰部是最常被利用的部位，必须从严检查。

（9）腹部：腹部空间较大，从外表上不易看出，必须通过摸、按、压等方法进行检查。

（10）脚部：脚部是藏匿枪支、弹药、子弹、刀具等的理想位置，取用方便，因此检查时应特别注意。

| 典型案例 |

美籍旅客假发内藏小刀　白云机场过安检被查

2012年6月2日19时左右，美籍旅客John先生走进广州白云国际机场安检通道，欲前往悉尼。当人身检查员检查到其头部位置时，金属探测器发出了报警声。John先生见状赶紧向人身检查员解释自己戴了假发，是假发引起的报警。对于John先生的解释，人身检查员并不采信，因为正常来说，假发是不会引起报警的，于是人身检查员要求John先生前往非公开检查室取下假发进行检查。

当John先生取下假发后，人身检查员检查后发现假发内暗藏了一把多功能小刀。见事情败露，John先生连忙解释小刀是朋友送的，对他来说意义重大，因没有时间托运，所以才会做出如此行为。最后，人身检查员根据相关规定将该名旅客移交机场公安机关处理。

四、从严检查的相关要求

（1）对经过手工人身检查仍不能排除疑点的旅客，可将其带至安检室进行从严检查。

（2）需要实施从严检查时应报告安检部门的值班领导，得到批准后才能进行。

（3）从严检查必须由同性别的两名以上检查员共同实施。实施从严检查时，可由一名安检人员对受检旅客进行监视，防止其做出危险行为或毁灭物证，另一名安检人员进行检查，检查时可请旅客脱掉外衣、鞋袜等。对不配合检查的，可根据情况予以拒绝登机或移交机场公安机关处理。

（4）从严检查应做好记录。做好记录是确保安检过程规范和有效的重要环节。记录内容包括受检旅客的姓名、证件号码、航班号等信息，并且记录应当由批准实施检查的民航安检机构现场值班领导及实施检查人员共同签字。做好记录的目的是防止受检旅客行凶、逃跑或毁灭罪证。通过详细记录，安检人员可以更好地监控和追踪受检对象，确保安全措施的有效执行。

| 典型案例 |

哈尔滨机场：一旅客隐匿携带冰毒被查获

2017年5月8日18时左右，在哈尔滨太平国际机场3号安检通道，人身检查员小王照常对一名女性旅客实施人身检查，在检查至旅客腹部时，小王发现该旅客腹部有一个纽扣大小类似塑料袋的物品，由于旅客身穿连体衣裤，不方便取出，小王便对旅客进行了询问。

询问过程中，该名旅客神色慌张、言辞闪烁，通过异常行为识别，该名旅客立即引起了人身检查员小王的怀疑。在对其进一步询问后，旅客的反应突然异常激动，称该物品为垃圾，需要到外面丢弃，便转身准备离开安检工作区域。这时，通道内各岗位安检人员立即对其进行了阻拦并迅速通知了当日值班领导。当日值班领导立即赶到该安检通道对旅客进行了控制，并将该旅客带至非公开检查室，由两名女性安检人员对其人身及随身物品进行仔细排查。

检查过程中，该旅客拒不配合人身检查，并坚持称身上没有任何物品，两名安检人员一面对旅客进行说服教育，一面对其随身物品进行了手工检查，安检人员在该名旅客的背包内及外套口袋中发现了吸毒工具。这时该名旅客才对其意图隐匿携带毒品的事实供认不讳。随即，安检人员将其移交至机场公安机关。

经机场公安部门反馈，该旅客所携带的毒品种类为冰毒，最终该旅客被机场公安机关移交至哈尔滨市刑侦支队。

五、人身检查的设备

（一）通过式金属探测门

金属探测门，又称安检门，是一种用来检测人员身体上有无携带金属物品的探测设备，广泛应用于机场、车站、大型会议等人流较大的公共场所的安全检查。

金属探测门在使用前会预先设定好一定的参数值，当被检查人员通过金属探测门时，若身上所携带的金属的重量、数量或形状超出参数值时，探测门即刻报警，安检人员就能判断该人随身携带有违禁金属物品。

为什么安检门能检测出金属物体

1. 金属探测门的工作原理

金属探测门实际上是一种金属探测器，它利用的是电磁感应的原理：有交流电通过的线圈产生迅速变化的磁场，磁场在金属物体内部能产生涡电流；涡电流又会产生磁场，反过来影响原来的磁场，引发探测器发出鸣声。

2. 金属探测门的性能特点

金属探测门具有安全性高、适用性强、灵敏度高、探测范围广、抗外界干扰能力强的特点。其辐射量非常小，不会对心脏起搏器佩戴者、体弱者和孕妇等产生不良影响，还可以调节灵敏度，最高可以探测到曲别针大小的金属物，并可以区分金属所藏区位，还可对探测金属的大小、体积、重量等进行设置，以排除硬币、钥匙、首饰、皮带扣等误报警。

| 知识角 |

孕妇过安检对胎儿有影响吗？

据民航安检工作人员介绍，确实有不少旅客在通过安检门时会有顾虑，像孕妇、带有心脏起搏器的患者，甚至有的旅客担心自己的手机、手表、信用卡、相机等物品会因为受到辐射影响而失效，其实，这些顾虑是完全没有必要的。

安检设备虽然有一定的辐射，但辐射量非常小，只有医用设备的1/50，甚至没有手机大，所以孕妇过安检是没有什么不良影响的。其实安检设备辐射的关键问题是安检机周围有无射线泄漏，如果有泄漏，可能会对长期接触的工作人员有一定影响，而对通过的旅客来讲影响不大。按我国《电离辐射防护与辐射源安全基本标准》的规定，公众受到人工辐射剂量一年不能超过一定量，而一个人必须站在安检机出入口约10厘米处52天不移动才会达到这个量。因此安检仪辐射数值实际上很低，对身体的影响接近于零，孕妇经过安检机时也不会对腹内宝宝产生影响，因此可以放心过安检。当然，如果孕妇有顾虑，也可以向工作人员提出要求，看是否可以用手工检查代替仪器检查或是申请从"免检通道"进入。

3. 金属探测门的试运行

（1）当金属探测门在车站首次安装时，或一台金属探测门被改变位置后，操作员都必须重新对其进行调试。

（2）安装金属探测门时应避免可能影响其灵敏度的各种干扰，如金属探测门的出入口附近应避免安装大功率的设备，也不允许存在大块或大面积的金属物体，不宜将其安装于露天或阴暗潮湿的环境中等。

（3）金属探测门应调节至适当的灵敏度，但不能低于最低安全设置要求。

（4）金属探测门应调节视觉警报和声音警报功能。无论环境光线情况如何，视觉警报信号应至少可以从 5 米外清晰地观察到，一般信号低于报警限界值时显示绿色，高于限界值时显示红色。此外，还应适当地调节声音警报的持续时间、音调和音量，应使警报声在距离门体 1 米远、1.6 米高的地方能被清晰听到。

（5）测试时，可将测试物品分别放置在人体的右腋窝、右臀部、后腰中部、右踝内侧等部位，再通过金属探测门进行测试。实施测试的人员在测试时不应携带其他金属物品，以防测试结果出现偏差。

4. 金属探测门的例行测试

金属探测门如果连续使用（即从未关闭过），应至少每天测试一次；如果不是连续使用，则应在接通电源后进行测试。测试方法与试运行时的测试方法相同。如果金属探测门的灵敏度与以前的测试相比有所下降，就应调高其灵敏度。

（二）手持金属探测器

手持金属探测器是金属探测器的一种，因使用方式为手握方式而得名，用于检查人身携带金属的具体位置，可与金属探测门配合使用。当金属探测门报警发现金属物品时，安检人员会进一步使用手持金属探测器精确地找到藏有金属物品的位置。手持金属探测器的工作原理与金属探测门类似，也是利用电磁感应原理。

PD140 手持金属探测器操作方法

手持金属探测器一般采用长方形检测头，探测区长约 12 厘米。进行安全检查时，可从上到下扫描被检人或被检物品，一次性完成检查工作，操作十分简便。下面以 PD140 手持金属探测器为例介绍调试方法。

1. 安装

PD140 手持金属探测器（见图 7-2）可由 9V 干电池或 Varta7 号或 8 号镍氢充电

电池及类似产品供电。使用之前，首先打开仪器的电池盒盖板，根据电池仓口处的极性指示正确插入电池，然后扣紧后盖，保证电池接触良好。

2. 开机

三相开关可向左或向右拨动，由此来选择两种操作报警模式：向左为只有灯光报警指示，向右为报警和声响同时工作，中间为关闭电源。

探测器打开时报警指示灯将闪烁几秒。如果电源指示灯以 1 秒间隔闪烁，表明电池电量充足；如电源指示灯快速闪烁，则表明需要更换电池或给电池充电。

3. 工作

使用时，安检人员用手握住手柄，用拇指按一下启动按键，然后松开，仪器的信号灯便开始闪烁，喇叭同时发出极轻微的蜂鸣声，表示仪器进入工作状态。

图 7-2　PD140 手持金属探测器

安检人员手持开机后的仪器在被检人或被检物品表面来回扫描，如果有金属物体，仪器就会发出警报。如果警报声音较低沉，而且探头停留在发声处后这个响声会逐渐消失，那么探测出的可能是一件很小的金属物品，如皮带扣、拉链等；如果警报声音很尖锐，即使探头停着不动，声音仍然持续不断，那么探测出的可能是较大的金属物品，如匕首、手枪等。

4. 灵敏度调节与操作指导

PD140 手持金属探测器配备有灵敏度调节钮，有三档可供选择，分别是低档（LOW）、中档（NORMAL）和高档（HIGH）。一般情况下，灵敏度应设置在中档（NORMAL）位置，其他档位的使用则取决于被测金属物体的尺寸和距离。PD140 手持金属探测器的敏感探测区位于装置的下部平面区内，测量面积为 60 毫米 ×140 毫米，检测时应用下部平面区测试旅客身体。

如需隐藏音响报警，可将开关设置到"仅视觉报警"位置，或是使用特殊耳机插入探测器手柄下的耳机孔，该孔位于报警蜂鸣器的对面。

若手持金属探测器连续超过180秒未使用，设备将自动关闭。再开机时，应先将开关拨到"OFF"位置，然后再拨到相应的操作位置。

5. 电池充电

将PD140的手柄插入BC140充电器即可充电。充电时探测器必须处于关闭状态，然后打开充电器开关到"ON"的位置，电源指示灯确认电源存在。完成充电所需时间为16小时。BC140充电器可与其他类似设备串联使用，注意不要对干电池进行充电。

6. 手持金属探测器的保管

手持金属探测器属于小型电子仪器，使用时应轻拿轻放，以免损坏仪器。应由专人保管，注意防潮、防热。如需清洁，可使用微湿、柔软的布进行清洁。

| 新闻台 |

民航安检将正式启用毫米波人体成像设备

坐过飞机的人都有这样的经历：过安检的时候，取出身上的东西后首先要经过一个金属探测安检门，而后安检人员会使用手持金属探测器从上至下再进行一次全方位的手工检查，"安检门+全身手检"模式效率较低，客流高峰时安检通道前旅客大排长龙是比较常见的情况。此外，金属探测设备只对金属物品敏感，而对陶瓷、玻璃、塑料等非金属物品却无能为力。

毫米波就可以很好地解决上述问题。毫米波人体成像技术是目前全球安防领域的先进技术，已在美国、英国、荷兰、澳大利亚、日本等国家的机场投入使用。该设备能够在不直接接触人体的情况下，有效检测出在衣物覆盖下藏匿于人体各部位的物品；特别是能够检测出非金属物品，并可以从图像上获取隐匿物品的形状、大小、位置等信息。此外，毫米波人体成像设备具有对人体无害、穿透力强的特点，其发射功率不及手机电磁波辐射的千分之一。毫米波设备的引入，可以确保安检全方位无死角，极大提升安检的准确性，提高安检效率并有效降低安检人员的劳动强度。

近年来，为了更好地实现新技术应用，民航局公安局积极探索新技术在安检现场的试用评估。2017 年 8 月，民航局公安局组织并提供政策支持，在北京首都、上海虹桥、上海浦东、青岛流亭四个机场同步开展了毫米波人体成像设备的现场试用评估（见图7-3）。2018 年 5 月，民航局公安局再次在南京禄口、青岛流亭机场开展毫米波人体成像设备通行压力测试，在确保安全的基础上进一步验证设备的通行效率。

2018 年 6 月 26 日，民航局颁布《民用航空毫米波人体成像安全检查设备鉴定内控标准》与《民用航空毫米波人体成像安全检查设备违禁物品探测能力测试程序》，正式将毫米波人体成像设备纳入中国民航安检设备清单，

图 7-3　毫米安检仪

中国由此成为全球第三个、亚洲第一个独立颁布毫米波人体成像技术标准的国家。未来，毫米波人体成像设备将逐步取代民用机场沿用 26 年的金属探测门，旅客也将体验到更加安全、高效的人身安检服务。

任务二　人身检查的操作方法

一、手工人身检查

（一）手工人身检查的定义

手工人身检查是指安检人员按规定的方法和程序通过摸、按、压等方法对旅客身体进行检查。手工人身检查是更为细致全面的一项检查，因为安检设备、仪器检查的时候容易受到干扰，可能出现遗漏、误报等现象，而手工人身检查则可以有效地进行弥补，从而将风险降到最低。

人身检查动作规范

（二）手工人身检查的程序

人身检查员面对旅客，先从前衣领开始，至双肩、前胸、腰部止；然后从后衣领起，至双臂外侧、内侧、腋下、背部、后腰、裆部、双腿内侧、外侧和脚部止。

冬季着装较多时，可请旅客解开外衣，对外衣也必须认真检查。

（三）手工人身检查的方法

手工人身检查采用的主要方法是用手顺着旅客身体的自然形状进行摸、按、压，感受并找出藏匿的危险品、违禁品及限制物品。按、压是指在手不离开旅客衣物表面的情况下用适当的力量进行按压，感受旅客身体或衣物内不贴合、不自然的部位，从而找出藏匿品。发现藏匿品后应要求旅客取出物品，之后安检人员应用手进行复查，排除疑点后方可进行下一步检查。

（1）头部检查方法：请旅客脱帽进行检查（无帽可忽略）。

（2）手腕及双臂检查方法：双手同时检查手腕及双臂，至衣领处停止。

（3）衣领检查方法：双手由后至前依次进行检查（无衣领可忽略）。

（4）前胸检查方法：双手同时检查前胸左右兜后，滑动检查至腋下停止。

（5）腋下及腰部检查方法：双手同时对腋下以按、压的方式进行检查，之后滑动检查至腰部皮带处，双手顺延检查至后腰中部停止。

（6）后兜的检查方法：双手同时检查后裤兜，至后裤兜底部停止（无后兜可忽略）。

（7）裤兜的检查方法：双手同时检查裤兜，至裤兜底部停止（无裤兜可忽略）。

（8）腿部及脚踝的检查方法：双手同时检查腿部及脚踝，至脚踝处停止。

| 典型案例 |

白云机场安检员查获一旅客肩膀藏匿打火机

2019年1月10日，在广州白云国际机场T2航站楼的安检通道内，来自山西的邢先生——一位看似体态憨厚、笑容可掬的男子在通过安检门时，安检门的警报声突然飙高，警示灯也发出刺眼的信号。此时邢先生却一脸憨笑，并不停地和安检人员说客套话。见此情况，人身检查员小吴果断对邢先生进行了人身检查，当检查到邢先生的右肩部时，小吴手掌明显感觉到有异物藏在衣服里面，并且手持金属探测器也发出了尖锐的报警声。

经过细致的检查，小吴在邢先生的肩部发现了一个藏匿的打火机。邢先生见状，立马笑嘻嘻地狡辩说："我就是为了好玩藏一下，看看你们能不能发现这个打火机，我没有恶意的。"然而，没想到的是，当人身检查进行到左肩部时，小吴又发现了另一个藏匿的打火机。"这种玩笑可开不得。"小吴说完就立即将情况报告了值班领导和机场民警，机场民警到场后，对邢先生进行了严肃的批评教育，邢先生意识到了自己的错误，也低头承认自己这样做的目的就是试图带打火机进入隔离区抽烟，满足一下自己的烟瘾。

（四）手工人身检查操作

（1）人身检查员面向或侧向安检门站立，注意观察安检门的报警情况及动态，确定重点手检对象。

（2）当旅客通过安检门时安检门报警或发现可疑对象时，人身检查员应将旅客带到安检门的一侧进行检查。注意配合摸、按、压等方法进行检查。

（3）手检过程中，人身检查员应对旅客头部、手腕、衣领、肩胛、腋下、领带、胸部、腰部、腹部、腰带、臀部、裆部、脚部、鞋等进行重点检查。

（4）当发现旅客脚部有异常时，应让旅客坐在椅子上，请其脱鞋接受检查。用手握住其脚踝判别是否藏有物品，确定其袜中是否夹带物品，检查完毕后，将旅客的鞋子过安检机检查，确认无疑点后再放行。

知识角

前传岗位与人身检查岗位的配合

前传岗位与人身检查岗位应相互配合，前传岗位员应尽量为人身检查员的检查工作带来更多的便利，具体协作配合工作应做到以下几点。

（1）前传岗位员应将衣物筐放于安检门一侧的工作台，并站立于安检门一侧，面对旅客进入通道的方向保持待检状态。

（2）当旅客进入检查通道时，前传岗位员应提示并协助旅客将随身行李正确而有序地放置于 X 射线机传送带上，同时请旅客将随身携带物品及随身行李中的手提电脑、照相机等电器取出放入衣物筐中。若旅客穿着较厚的外套，应请其将外套脱下，一并放入衣物筐接受 X 射线机检查。

（3）前传岗位员应随时观察人身检查员的工作情况，当人身检查员正在对旅客进行检查时，前传岗位员应请待检旅客在安检门一侧等待，待人身检查员检查完毕，再引导待检旅客有序通过安检门接受人身检查。前传岗位员应合理控制过检速度，保证检查通道的畅通。

（4）对不宜经过 X 射线机检查的物品，前传岗位员应及时通知开箱检查员对其进行手工开箱检查。

（5）对怀孕、带有心脏起搏器、坐轮椅的残障人士，或重病等不宜通过安检门检查的旅客，前传岗位员应提醒人身检查员进行手工人身检查。

（五）手工人身检查的注意事项

（1）检查时，人身检查员双手掌心要切实接触旅客身体和衣服，因为手掌心面积大且触觉较敏锐，这样能及时发现藏匿的物品。

（2）检查中要认真检查旅客的全身，不可只查上半身、不查下半身，应特别注意检查重点部位。

（3）对旅客从身上掏出的物品，应仔细检查，防止夹带危险物品。

（4）检查过程中要时刻观察旅客的表情，防止发生意外情况。

（5）对女性旅客实施检查时，必须由女性安检人员进行。

| 典型案例 |

内蒙古自治区通辽机场首次查获旅客携带罂粟种子

2016 年 11 月 18 日，内蒙古自治区通辽机场人身检查员在一名女性旅客身上查获一颗罂粟种子，这也是通辽机场首次查获该类毒品。

18 日下午，内蒙古自治区通辽机场的安检人员正在执行由通辽至呼和浩特航班的安检任务，人身检查员在检查一名中年女性时，发现该名旅客两个裤兜内装满了葵花籽，随后人身检查员拿来衣物筐，要求旅客将兜内所有物品拿出，该名旅客将兜内的瓜子全部拿出后，安检人员发现里面有一颗类似种子的不明物体。询问旅客后，旅客表示这只是一颗普通的种子，准备拿回家栽种的，但当安检人员再次询问旅客是何种子时，旅客开始环顾左右、含糊其辞。安检人员立即做出反应，正常检查完该名旅客人身后，将相关情况报告值班领导。

经值班领导多次询问之后，该名旅客终于承认可疑物是罂粟种子，即人们俗称的"大烟籽"。随后，安检人员告知该名旅客携带罂粟种子是违法的，并将该名旅客及违禁物品移交机场公安机关处理。

二、仪器人身检查

（一）仪器人身检查的定义

仪器人身检查是指安检人员按照规定程序，采用仪器（金属探测门、手持金属探测器等）对旅客身体进行的安全检查方法。

（二）金属探测门检查的方法

所有乘机旅客原则上都必须通过金属探测门检查（政府规定的免检者除外）。旅客在通过金属探测门之前，安检人员应首先提醒其取出身上的金属物品，然后引导旅客按次序逐个通过金属探测门。旅客通过时不可接触、碰撞金属探测门，应以正常走路速度通过，不可过快或过慢，检查时安检人员要注意掌握旅客流量，避免出现拥堵情况。

如果金属探测门发出报警情况，安检人员应使用手持金属探测器或手工人身检查的方法进行复查，彻底排除疑点后才能放行。对未报警的旅客，可使用手持金属探测器或手工人身检查的方法进行抽查。

对旅客放入衣物筐中的物品，应通过 X 射线机进行检查，若有不方便进行 X 射线机检查的物品，要采用摸、掂、试等方法检查，查看其是否藏匿违禁物品。

| 知识角 |

关于机场免检人员和要客范围的规定

国家保卫对象：中共中央总书记、政治局常委、委员、候补委员，书记处书记、候补书记；国家主席、副主席；全国人大常委会委员长、副委员长；国务院总理、副总理、国务委员；中央军事委员会主席、副主席、委员；全国政协主席、副主席；

最高人民法院院长；最高人民检察院检察长。上述领导人率领的出访代表团全体成员，也免于检查。我国中央各部正部长率领代表团出访时，部长本人免于检查。

对应邀来访的外宾免检范围：非执政党领导人和我国按相当于正部长级以上规格接待的重要外宾，凭中共中央、全国人大常委会、国务院、中央军委有关部、委或省、自治区、直辖市党委、人民政府出具的证明免于检查；应邀来访的（包括过境、非正式访问）副总统、副总理、副议长以上领导人率领的代表团全体成员免于检查；应邀来我国访问的各国正部长级官员率领的代表团，部长本人免于检查；大使夫妇、总领事夫妇经承运的航空公司同意，并由该公司人员陪同或出具证明，可免于检查。对其余的各国外交官员，领事官员及其家属和他们携带的行李物品，亦可按上述办法免于检查，但只作为内部掌握。

对随同国家保卫对象乘坐民航班机的首长随行工作人员和我方接待属于免检范围外宾的陪同人员，凭中共中央、全国人大常委会、国务院、中央军委有关部、委或省、自治区、直辖市党委、人民政府出具的证明免于检查。

对于重要旅客应在安检时给予礼遇。重要旅客的范围包括：省、部级（含副职）以上的负责人；大军区级（含副职）以上的负责人；公使、大使级外交使节；由各部、委以上单位或我驻外使、领馆提出要求按重要旅客接待的客人。

关于对迎送人员进入隔离区的安全检查规定，其具体内容如下。

（1）所有迎送人员，原则上都不得越过安全检查区进入候机隔离区；如有特殊需要必须进入的，应按机场规定办理通行证件，进入时应接受检查（免检对象除外）。

（2）中央各部、委部长级负责同志因公务到机场迎送客人，需要越过安全检查区进入候机隔离区迎送客人者，除部长级负责同志持证明，本人可免于检查外，随行人员均应持机场发给的通行证件，并接受安全检查。相当于副总理、副委员长以上的党、政、军领导人到机场迎送客人，凭有关单位出具的证明，均免于检查。

（3）对副部长级以上高级官员率领的外国官方代表团以及其他身份较高的外宾，迎送人员可以进入候机隔离区，但人数要从严掌握，迎送国家元首、政府首脑外，不得超过5人。迎送人员进入候机隔离区，应持民航发给的通行证件，并一律接受安全检查。

(三)手持金属探测器检查的方法

在执行安检时,手持金属探测器被用来进行近距离的全身检查。按照规定程序,安检人员应采用手持金属探测器与手眼相结合的方法:一只手使用手持金属探测器在距离受检者身体几厘米处进行扫描;另一只手配合进行摸、压、按等动作。如果手持金属探测器报警,安检人员应配合触摸报警部位,以判断报警物的性质,同时请旅客取出该物品进行检查。待旅客取出物品后,安检人员应对该报警部位再次进行检查,确认无可疑点后,方可进行下一步操作。

|典型案例|

老人衣袖藏打火机致仪器报警却声称是衣袖扣子问题

2016年11月29日10时左右,正值广州白云国际机场安检的繁忙时刻,安检人员在每条安检通道内有序地对旅客进行安全检查。此时,在国内B区7号通道,一名人身检查员正在对一位老先生进行检查,当检查至衣袖口位置时,手持金属探测器发出警报,受检的老先生忙对人身检查员说道:"这是因为我的衣袖扣子造成的,我的扣子是金属的。"但细心的人身检查员并没有因为老先生的说辞而放松检查,而是再一次对该部位进行了触摸检查,发现原来老先生在此处藏匿了一个打火机。

经安检人员询问,老先生才吐露了实情。原来他是一位老烟民,因为担心在候机室等待登机的时间过长,自己会犯烟瘾想抽上一口烟,于是决定铤而走险。最后,人身检查员将情况报告了值班领导并把该旅客移交机场公安机关处理。

(四)手持金属探测器检查的程序

手持金属探测器的检查程序如下。

(1)前衣领→右肩→右大臂外侧→右手→右大臂内侧→腋下→右前胸→右上身外侧→腰、腹部→左肩→左大臂外侧→左手→左大臂内侧→腋下→左前胸→左上身外侧→腰、腹部→裆部检查采用倒U形式。

(2)头部→后衣领→背部→后腰部→臀部→左大腿外侧→左小腿外侧→左脚→左小腿内侧→左膝部内侧→左大腿内侧→右大腿内侧→右膝部内侧→右小腿内侧→右脚→右小腿外侧→右大腿外侧。

知识角

移位人身检查法

　　移位人身检查法是指在旅客接受人身检查时,人身检查员按规定的方法主动完成从前到后的人身检查程序,省去了旅客转身的步骤,从而让旅客能够始终面对自己的行李物品的一种人身检查方法。

　　移位人身检查法是一种从尊重旅客、方便旅客的角度出发的人身检查方法,具体程序如下。

　　(1)人身检查员面对或侧对金属探测门站立,注意观察金属探测门报警情况及动态,确定人身检查对象。

　　(2)当旅客通过金属探测门报警或者有需要重点检查的对象时,人身检查员应指引旅客到安检门的一侧接受人身检查。

　　(3)人身检查员请旅客面对自己的行李物品方向站立,提醒旅客照看好自己的行李物品,并从旅客正面开始实施人身检查。

　　(4)人身检查员在完成旅客前半身的人身检查程序后,主动转至旅客身后,从旅客背面实施人身检查。

　　(5)当人身检查员检查到旅客脚部有异常或鞋子较厚较大时,应让旅客坐在椅子上,请其脱鞋,用手持金属探测器和手眼相结合的方法对其脚部进行检查,并将旅客的鞋子通过X射线机进行检查。

　　(6)检查完毕后,人身检查员应提醒旅客拿好自己的行李物品。

项目实训

争当优秀人身检查员

实施步骤：

步骤一：请同学们自行分组,6人为一组。其中,3名同学扮演旅客,剩余3名同学扮演人身检查员,教师客串前传岗位员,模拟用手持金属探测器进行人身检查。

步骤二：人身检查员在实施检查前,需要将手持金属探测器进行测试与检查。

步骤三：前传岗位员配合人身检查员有序地引导旅客进行人身检查。

步骤四：人身检查员在检查中严格按照人身检查的相关程序及方法进行检查。

若检查中发现异常情况,要及时妥善处理。

步骤五:小组内扮演旅客的同学与扮演人身检查员的同学互换身份,进行第二轮模拟检查。

步骤六:每组选出在规定时间内进行人身检查最迅速、最准确,以及遇到异常情况处置方法最得当的同学。

注意:扮演旅客的同学应根据本项目所学知识或自身经验为人身检查提高难度。

项目评价:

请根据表7-1对上述任务实施的结果进行评价。

表7-1 任务实施检测

评价内容	分值	评分	备注
熟练掌握人身检查的检查方法	25		
熟练掌握人身检查的具体操作	25		
熟练掌握手持金属探测器的测试、使用方法	20		
检查项目完整,流程正确	15		
能够妥善处理异常情况	15		

项目学习效果综合测试

一、单项选择题

1.(　　)掌握的嫌疑人和群众提供的有可疑言行的旅客是人身检查的重点对象。

A. 公安部门　　B. 海关　　C. 边防部门　　D. 派出所

2. 从严检查必须由同性别的(　　)名以上检查员实施。

A. 1　　B. 2　　C. 3　　D. 4

3. 金属探测门应调节至适当的(　　),但不能低于最低安全设置要求。

A. 频率　　B. 灵敏度　　C. 音量　　D. 位置

4. 若手持金属探测器连续超过（　　）秒未使用，设备将自动关闭。

A. 60　　　　　B. 90　　　　　C. 120　　　　　D. 180

5. 手持金属探测器属于（　　），使用时应轻拿轻放，以免损坏仪器。

A. 电子查询仪器　　　　　B. 痕量探测仪器

C. 小型电子仪器　　　　　D. 钟控定时装置仪器

6. 人身检查员面对旅客进行手工人身检查时，应先从（　　）开始。

A. 前衣领　　B. 后衣领　　C. 胸部　　　D. 头部

二、填空题

1. 人身检查是指采用公开的_____和_____相结合的方式，对旅客人身进行安全检查。

2. 人身检查应遵循由上到下、_____、由前到后的顺序。

3. 金属探测门如果连续使用（从未关闭过），_____应至少测试一次。

4. 手工人身检查是指安检人员按规定的方法和程序对旅客身体采取_____、_____、_____等手工检查方法发现危险品、违禁品及限制物品。

5. 对女性旅客实施手工检查时，必须由_____安检人员进行。

6. 如果手持金属探测器报警，安检人员应配合报警部位，_____以判断报警物的性质，同时请旅客取出该物品进行检查。

三、简答题

1. 人身检查的重点对象和重点部位有哪些？
2. 如何对金属探测门进行例行测试？
3. 简述手工人身检查的程序和方法。
4. 人身检查员进行手工人身检查时有哪些注意事项？
5. 简述手持金属探测器检查的方法和程序。

附录：民用航空安全检查规则

第一章 总则

第一条 为了规范民用航空安全检查工作，防止对民用航空活动的非法干扰，维护民用航空运输安全，依据《中华人民共和国民用航空法》《中华人民共和国民用航空安全保卫条例》等有关法律、行政法规，制定本规则。

第二条 本规则适用于在中华人民共和国境内的民用运输机场进行的民用航空安全检查工作。

第三条 民用航空安全检查机构（以下简称"民航安检机构"）按照有关法律、行政法规和本规则，通过实施民用航空安全检查工作（以下简称"民航安检工作"），防止未经允许的危及民用航空安全的危险品、违禁品进入民用运输机场控制区。

第四条 进入民用运输机场控制区的旅客及其行李物品、航空货物、航空邮件应当接受安全检查。拒绝接受安全检查的，不得进入民用运输机场控制区。国务院规定免检的除外。旅客、航空货物托运人、航空货运销售代理人、航空邮件托运人应当配合民航安检机构开展工作。

第五条 中国民用航空局、中国民用航空地区管理局（以下统称"民航行政机关"）对民航安检工作进行指导、检查和监督。

第六条 民航安检工作坚持安全第一、严格检查、规范执勤的原则。

第七条 承运人按照相关规定交纳安检费用，费用标准按照有关规定执行。

第二章 民航安检机构

第八条 民用运输机场管理机构应当设立专门的民航安检机构从事民航安检工作。公共航空运输企业从事航空货物、邮件和进入相关航空货运区人员、车辆、物品的安全检查工作的，应当设立专门的民航安检机构。

第九条 设立民航安检机构的民用运输机场管理机构、公共航空运输企业（以下简称"民航安检机构设立单位")对民航安检工作承担安全主体责任，提供符合中国民用航空局（以下简称"民航局"）规定的人员、经费、场地及设施设备等保障，提供符合国家标准或者行业标准要求的劳动防护用品，保护民航安检从业人员劳动安全，确保民航安检机构的正常运行。

第十条 民航安检机构的运行条件应当包括：

（一）符合民用航空安全保卫设施行业标准要求的工作场地、设施设备和民航安检信息管理系统；

（二）符合民用航空安全检查设备管理要求的民航安检设备；

（三）符合民用航空安全检查员定员定额等标准要求的民航安全检查员；

（四）符合本规则和《民用航空安全检查工作手册》要求的民航安检工作运行管理文件；

（五）符合民航局规定的其他条件。

第十一条 民航行政机关审核民用机场使用许可、公共航空运输企业运行合格审定申请时，应当对其设立的民航安检机构的运行条件进行审查。

第十二条 民航安检机构应当根据民航局规定，制定并实施民航安检工作质量控制和培训管理制度，并建立相应的记录。

第十三条 民航安检机构应当根据工作实际，适时调整本机构的民航安检工作运行管理文件，以确保持续有效。

第三章　民航安全检查员

第十四条 民航安检机构应当使用符合以下条件的民航安全检查员从事民航安检工作：

（一）具备相应岗位民航安全检查员国家职业资格要求的理论和技能水平；

（二）通过民用航空背景调查；

（三）完成民航局民航安检培训管理规定要求的培训。

对不适合继续从事民航安检工作的人员，民航安检机构应当及时将其调离民航安检工作岗位。

第十五条 民航安检现场值班领导岗位管理人员应当具备民航安全检查员国家职业资格三级以上要求的理论和技能水平。

第十六条　民航安全检查员执勤时应当着民航安检制式服装，佩戴民航安检专门标志。民航安检制式服装和专门标志式样和使用由民航局统一规定。

第十七条　民航安全检查员应当依据本规则和本机构民航安检工作运行管理文件的要求开展工作，执勤时不得从事与民航安检工作无关的活动。

第十八条　X射线安检仪操作检查员连续操机工作时间不得超过30分钟，再次操作X射线安检仪间隔时间不得少于30分钟。

第十九条　民航安检机构设立单位应当根据国家和民航局、地方人民政府有关规定，为民航安全检查员提供相应的岗位补助、津贴和工种补助。

第二十条　民航安检机构设立单位或民航安检机构应当为安全检查员提供以下健康保护：

（一）每年不少于一次的体检并建立健康状况档案；

（二）除法定假期外，每年不少于两周的带薪休假；

（三）为怀孕期和哺乳期的女工合理安排工作。

第四章　民航安检设备

第二十一条　民航安检设备实行使用许可制度。用于民航安检工作的民航安检设备应当取得"民用航空安全检查设备使用许可证书"并在"民用航空安全检查设备使用许可证书"规定的范围内使用。

第二十二条　民航安检机构设立单位应当按照民航局规定，建立并运行民航安检设备的使用验收、维护、定期检测、改造及报废等管理制度，确保未经使用验收检测合格、未经定期检测合格的民航安检设备不得用于民航安检工作。

第二十三条　民航安检机构设立单位应当按照民航局规定，上报民航安检设备使用验收检测、定期检测、报废等相关信息。

第二十四条　从事民航安检设备使用验收检测、定期检测的人员应当通过民航局规定的培训。

第五章　民航安检工作实施

第一节　一般性规定

第二十五条　民航安检机构应当按照本机构民航安检工作运行管理文件组织实

施民航安检工作。

第二十六条　公共航空运输企业、民用运输机场管理机构应当在售票、值机环节和民航安检工作现场待检区域，采用多媒体、实物展示等多种方式，告知公众民航安检工作的有关要求、通告。

第二十七条　民航安检机构应当按照民航局要求，实施民航安全检查安全信用制度。对有民航安检违规记录的人员和单位进行安全检查时，采取从严检查措施。

第二十八条　民航安检机构设立单位应当在民航安检工作现场设置禁止拍照、摄像警示标识。

第二节　旅客及其行李物品的安全检查

第二十九条　旅客及其行李物品的安全检查包括证件检查、人身检查、随身行李物品检查、托运行李检查等。安全检查方式包括设备检查、手工检查及民航局规定的其他安全检查方式。

第三十条　旅客不得携带或者在行李中夹带民航禁止运输物品，不得违规携带或者在行李中夹带民航限制运输物品。民航禁止运输物品、限制运输物品的具体内容由民航局制定并发布。

第三十一条　乘坐国内航班的旅客应当出示有效乘机身份证件和有效乘机凭证。对旅客、有效乘机身份证件、有效乘机凭证信息一致的，民航安检机构应当加注验讫标识。有效乘机身份证件的种类包括：中国大陆地区居民的居民身份证、临时居民身份证、护照、军官证、文职干部证、义务兵证、士官证、文职人员证、职工证、武警警官证、武警士兵证、海员证、香港、澳门地区居民的港澳居民来往内地通行证，台湾地区居民的台湾居民来往大陆通行证；外籍旅客的护照、外交部签发的驻华外交人员证、外国人永久居留证；民航局规定的其他有效乘机身份证件。十六周岁以下的中国大陆地区居民的有效乘机身份证件，还包括出生医学证明、户口簿、学生证或户口所在地公安机关出具的身份证明。

第三十二条　旅客应当依次通过人身安检设备接受人身检查。对通过人身安检设备检查报警的旅客，民航安全检查员应当对其采取重复通过人身安检设备或手工人身检查的方法进行复查，排除疑点后方可放行。对通过人身安检设备检查不报警的旅客可以随机抽查。

旅客在接受人身检查前，应当将随身携带的可能影响检查效果的物品，包括金属物品、电子设备、外套等取下。

第三十三条 手工人身检查一般由与旅客同性别的民航安全检查员实施；对女性旅客的手工人身检查，应当由女性民航安全检查员实施。

第三十四条 残疾旅客应当接受与其他旅客同样标准的安全检查。接受安全检查前，残疾旅客应当向公共航空运输企业确认具备乘机条件。

残疾旅客的助残设备、服务犬等应当接受安全检查。服务犬接受安全检查前，残疾旅客应当为其佩戴防咬人、防吠叫装置。

第三十五条 对要求在非公开场所进行安全检查的旅客，如携带贵重物品、植入心脏起搏器的旅客和残疾旅客等，民航安检机构可以对其实施非公开检查。检查一般由两名以上与旅客同性别的民航安全检查员实施。

第三十六条 对有下列情形的，民航安检机构应当实施从严检查措施：

（一）经过人身检查复查后仍有疑点的；

（二）试图逃避安全检查的；

（三）旅客有其他可疑情形，正常检查无法排除疑点的。

从严检查措施应当由两名以上与旅客同性别的民航安全检查员在特别检查室实施。

第三十七条 旅客的随身行李物品应当经过民航行李安检设备检查。发现可疑物品时，民航安检机构应当实施开箱包检查等措施，排除疑点后方可放行。对没有疑点的随身行李物品可以实施开箱包抽查。实施开箱包检查时，旅客应当在场并确认箱包归属。

第三十八条 旅客的托运行李应当经过民航行李安检设备检查。发现可疑物品时，民航安检机构应当实施开箱包检查等措施，排除疑点后方可放行。对没有疑点的托运行李可以实施开箱包抽查。实施开箱包检查时旅客应当在场并确认箱包归属，但是公共航空运输企业与旅客有特殊约定的除外。

第三十九条 根据国家有关法律法规和民航危险品运输管理规定等相关要求，属于经公共航空运输企业批准方能作为随身行李物品或者托运行李运输的特殊物品，旅客凭公共航空运输企业同意承运证明，经安全检查确认安全后放行。

公共航空运输企业应当向旅客通告特殊物品目录及批准程序，并与民航安检机构明确特殊物品批准和信息传递程序。

第四十条 对液体、凝胶、气溶胶等液态物品的安全检查，按照民航局规定执行。

第四十一条 对禁止旅客随身携带但可以托运的物品，民航安检机构应当告知旅客可作为行李托运、自行处置或者暂存处理。

对于旅客提出需要暂存的物品，民用运输机场管理机构应当为其提供暂存服务。暂存物品的存放期限不超过 30 天。

民用运输机场管理机构应当提供条件，保管或处理旅客在民航安检工作中暂存、自弃、遗留的物品。

第四十二条 对来自境外，且在境内民用运输机场过站或中转的旅客及其行李物品，民航安检机构应当实施安全检查。但与中国签订互认航空安保标准条款的除外。

第四十三条 对来自境内，且在境内民用运输机场过站或中转的旅客及其行李物品，民航安检机构不再实施安全检查。但旅客及其行李物品离开候机隔离区或与未经安全检查的人员、物品相混或者接触的除外。

第四十四条 经过安全检查的旅客进入候机隔离区以前，民航安检机构应当对候机隔离区实施清场，实施民用运输机场控制区 24 小时持续安保管制的机场除外。

第三节 航空货物、航空邮件的安全检查

第四十五条 航空货物应当依照民航局规定，经过安全检查或者采取其他安全措施。

第四十六条 对航空货物实施安全检查前，航空货物托运人、航空货运销售代理人应当提交航空货物安检申报清单和经公共航空运输企业或者其地面服务代理人审核的航空货运单等民航局规定的航空货物运输文件资料。

第四十七条 航空货物应当依照航空货物安检要求通过民航货物安检设备检查。检查无疑点的，民航安检机构应当加注验讫标识放行。

第四十八条 对通过民航货物安检设备检查有疑点、图像不清或者图像显示与申报不符的航空货物，民航安检机构应当采取开箱包检查等措施，排除疑点后加注

验讫标识放行。无法排除疑点的，应当加注退运标识作退运处理。

开箱包检查时，托运人或者其代理人应当在场。

第四十九条 对单体超大、超重等无法通过航空货物安检设备检查的航空货物，装入航空器前应当采取隔离停放至少 24 小时安全措施，并实施爆炸物探测检查。

第五十条 对航空邮件实施安全检查前，邮政企业应当提交经公共航空运输企业或其地面服务代理人审核的邮包路单和详细邮件品名、数量清单等文件资料或者电子数据。

第五十一条 航空邮件应当依照航空邮件安检要求通过民航货物安检设备检查，检查无疑点的，民航安检机构应当加注验讫标识放行。

第五十二条 航空邮件通过民航货物安检设备检查有疑点、图像不清或者图像显示与申报不符的，民航安检机构应当会同邮政企业采取开箱包检查等措施，排除疑点后加注验讫标识放行。无法开箱包检查或无法排除疑点的，应当加注退运标识退回邮政企业。

第四节 其他人员、物品及车辆的安全检查

第五十三条 进入民用运输机场控制区的其他人员、物品及车辆，应当接受安全检查。拒绝接受安全检查的，不得进入民用运输机场控制区。

对其他人员及物品的安全检查方法与程序应当与对旅客及行李物品检查方法和程序一致，有特殊规定的除外。

第五十四条 对进入民用运输机场控制区的工作人员，民航安检机构应当核查民用运输机场控制区通行证件，并对其人身及携带物品进行安全检查。

第五十五条 对进入民用运输机场控制区的车辆，民航安检机构应当核查民用运输机场控制区车辆通行证件，并对其车身、车底及车上所载物品进行安全检查。

第五十六条 对进入民用运输机场控制区的工具、物料或者器材，民航安检机构应当根据相关单位提交的工具、物料或者器材清单进行安全检查、核对和登记，带出时予以核销。工具、物料和器材含有民航禁止运输物品或限制运输物品的，民航安检机构应当要求其同时提供民用运输机场管理机构同意证明。

第五十七条 执行飞行任务的机组人员进入民用运输机场控制区的，民航安检机构应当核查其民航空勤通行证件和民航局规定的其他文件，并对其人身及物品进

行安全检查。

第五十八条　对进入民用运输机场控制区的民用航空监察员，民航安检机构应当核查其民航行政机关颁发的通行证并对其人身及物品进行安全检查。

第五十九条　对进入民用运输机场控制区的航空配餐和机上供应品，民航安检机构应当核查车厢是否锁闭，签封是否完好，签封编号与运输台帐记录是否一致。必要时可以进行随机抽查。

第六十条　民用运输机场管理机构应当对进入民用运输机场控制区的商品进行安全备案并进行监督检查，防止进入民用运输机场控制区内的商品含有危害民用航空安全的物品。

对进入民用运输机场控制区的商品，民航安检机构应当核对商品清单和民用运输机场商品安全备案目录一致，并对其进行安全检查。

第六章　民航安检工作特殊情况处置

第六十一条　民航安检机构应当依照本机构突发事件处置预案，定期实施演练。

第六十二条　已经安全检查的人员、行李、物品与未经安全检查的人员、行李、物品不得相混或接触。如发生相混或接触，民用运输机场管理机构应当采取以下措施：

（一）对民用运输机场控制区相关区域进行清场和检查；

（二）对相关出港旅客及其随身行李物品再次安全检查；

（三）如旅客已进入航空器，应当对航空器客舱进行航空器安保检查。

第六十三条　有下列情形之一的，民航安检机构应当报告公安机关：

（一）使用伪造、变造的乘机身份证件或者乘机凭证的；

（二）冒用他人乘机身份证件或者乘机凭证的；

（三）随身携带或者托运属于国家法律法规规定的危险品、违禁品、管制物品的；

（四）随身携带或者托运本条第三项规定以外民航禁止运输、限制运输物品，经民航安检机构发现提示仍拒不改正，扰乱秩序的；

（五）在行李物品中隐匿携带本条第三项规定以外民航禁止运输、限制运输物品，扰乱秩序的；

（六）伪造、变造、冒用危险品航空运输条件鉴定报告或者使用伪造、变造的危险品航空运输条件鉴定报告的；

（七）伪报品名运输或者在航空货物中夹带危险品、违禁品、管制物品的；

（八）在航空邮件中隐匿、夹带运输危险品、违禁品、管制物品的；

（九）故意散播虚假非法干扰信息的；

（十）对民航安检工作现场及民航安检工作进行拍照、摄像，经民航安检机构警示拒不改正的；

（十一）逃避安全检查或者殴打辱骂民航安全检查员或者其他妨碍民航安检工作正常开展，扰乱民航安检工作现场秩序的；

（十二）清场、航空器安保检查、航空器安保搜查中发现可疑人员或者物品的；

（十三）发现民用机场公安机关布控的犯罪嫌疑人的；

（十四）其他危害民用航空安全或者违反治安管理行为的。

第六十四条 有下列情形之一的，民航安检机构应当采取紧急处置措施，并立即报告公安机关：

（一）发现爆炸物品、爆炸装置或者其他重大危险源的；

（二）冲闯、堵塞民航安检通道或者民用运输机场控制区安检道口的；

（三）在民航安检工作现场向民用运输机场控制区内传递物品的；

（四）破坏、损毁、占用民航安检设备设施、场地的；

（五）其他威胁民用航空安全，需要采取紧急处置措施行为的。

第六十五条 有下列情形之一的，民航安检机构应当报告有关部门处理：

（一）发现涉嫌走私人员或者物品的；

（二）发现违规运输航空货物的；

（三）发现不属于公安机关管理的危险品、违禁品、管制物品的。

第六十六条 威胁增加时，民航安检机构应当按照威胁等级管理办法的有关规定调整安全检查措施。

第六十七条 民航安检机构应当根据本机构实际情况，与相关单位建立健全应急信息传递及报告工作程序，并建立记录。

第七章　监督检查

第六十八条　民航行政机关及民用航空监察员依法对民航安检工作实施监督检查，行使以下职权：

（一）审查并持续监督民航安检机构的运行条件符合民航局有关规定；

（二）制定民航安检工作年度监督检查计划，并依据监督检查计划开展监督检查工作；

（三）进入民航安检机构及其设立单位进行检查，调阅有关资料，向有关单位和人员了解情况；

（四）对检查中发现的问题，当场予以纠正或者规定限期改正；对依法应当给予行政处罚的行为，依法作出行政处罚决定；

（五）对检查中发现的安全隐患，规定有关单位及时处理，对重大安全隐患实施挂牌督办；

（六）对有根据认为不符合国家标准或者行业标准的设施、设备予以查封或者扣押，并依法作出处理决定；

（七）依法对民航安检机构及其设立单位的主要负责人、直接责任人进行行政约见或者警示性谈话。

第六十九条　民航安检机构及其设立单位应当积极配合民航行政机关依法履行监督检查职责，不得拒绝、阻挠。对民航行政机关依法作出的监督检查书面记录，被检查单位负责人应当签字，拒绝签字的，民用航空监察员应当将情况记录在案，并向民航行政机关报告。

第七十条　民航行政机关应当建立民航安检工作违法违规行为信息库，如实记录民航安检机构及其设立单位的违法行为信息。对违法行为情节严重的单位，应当纳入行业安全评价体系，并通报其上级政府主管部门。

第七十一条　民航行政机关应当建立民航安检工作奖励制度，对保障空防安全、地面安全以及在突发事件处置、应急救援等方面有突出贡献的集体和个人，按贡献给予不同级别的奖励。

第七十二条　民航行政机关应当建立举报制度，公开举报电话、信箱或者电子邮件地址，受理并负责调查民航安检工作违法违规行为的举报。

任何单位和个人发现民航安检机构运行存在安全隐患或者未按照规定实施民航安检工作的，有权向民航行政机关报告或者举报。

民航行政机关应当依照国家有关奖励办法，对报告重大安全隐患或者举报民航安检工作违法违规行为的有功人员，给予奖励。

第八章　法律责任

第七十三条　违反本规则第十条规定，民用运输机场管理机构设立的民航安检机构运行条件不符合本规则要求的，由民航行政机关责令民用运输机场限期改正；逾期不改正的或者经改正仍不符合要求的，由民航行政机关依据《民用机场管理条例》第六十八条对民用运输机场作出限制使用的决定，情节严重的，吊销民用运输机场使用许可证。

第七十四条　民航安检机构设立单位的决策机构、主要负责人不能保证民航安检机构正常运行所必需资金投入，致使民航安检机构不具备运行条件的，由民航行政机关依据《中华人民共和国安全生产法》第九十条责令限期改正，提供必需的资金；逾期未改正的，责令停产停业整顿。

第七十五条　有下列情形之一的，由民航行政机关依据《中华人民共和国安全生产法》第九十四条责令民航安检机构设立单位改正，可以处五万元以下的罚款；逾期未改正的，责令停产停业整顿，并处五万元以上十万元以下的罚款，对其直接负责的主管人员和其他直接责任人员处一万元以上二万元以下的罚款：

（一）违反第十二条规定，未按要求开展培训工作或者未如实记录民航安检培训情况的；

（二）违反第十四、十五条规定，民航安全检查员未按要求经过培训并具备岗位要求的理论和技能水平，上岗执勤的；

（三）违反第二十四条规定，人员未按要求经过培训，从事民航安检设备使用验收检测、定期检测工作的；

（四）违反第六十一条规定，未按要求制定突发事件处置预案或者未定期实施演练的。

第七十六条　有下列情形之一的，由民航行政机关依据《中华人民共和国安全生产法》第九十六条责令民航安检机构设立单位限期改正，可以处五万元以下的罚款；逾期未改正的，处五万元以上二十万元以下的罚款，对其直接负责的主管人员和其他直接责任人员处一万元以上二万元以下的罚款；情节严重的，责令停产停业整顿：

（一）违反第二十一、二十二条规定，民航安检设备的安装、使用、检测、改造不符合国家标准或者行业标准的；

（二）违反本规则第二十二条规定，使用定期检测不合格的民航安检设备的；

（三）违反第二十二条规定，未按要求对民航安检设备进行使用验收、维护、定期检测的。

第七十七条　违反本规则有关规定，民航安检机构或者民航安检机构设立单位未采取措施消除安全隐患的，由民航行政机关依据《中华人民共和国安全生产法》第九十九条责令民航安检机构设立单位立即消除或者限期消除；民航安检机构设立单位拒不执行的，责令停产停业整顿，并处十万元以上五十万元以下的罚款，对其直接负责的主管人员和其他直接责任人员处二万元以上五万元以下的罚款。

第七十八条　违反本规则第六十九条规定，民航安检机构或者民航安检机构设立单位拒绝、阻碍民航行政机关依法开展监督检查的，由民航行政机关依据《中华人民共和国安全生产法》第一百零五条责令改正；拒不改正的，处二万元以上二十万元以下的罚款；对其直接负责的主管人员和其他直接责任人员处一万元以上二万元以下的罚款。

第七十九条　有下列情形之一的，由民航行政机关责令民航安检机构设立单位限期改正，处一万元以下的罚款；逾期未改正的，处一万元以上三万元以下的罚款：

（一）违反第八条规定，未设置专门的民航安检机构的；

（二）违反第十二条规定，未依法制定或者实施民航安检工作质量控制管理制度或者未如实记录质量控制工作情况的；

（三）违反第十三条规定，未根据实际适时调整民航安检工作运行管理手册的；

（四）违反第十四条第二款规定，未及时调离不适合继续从事民航安检工作人员的；

（五）违反第十八条规定，X射线安检仪操作检查员工作时间制度不符合要求的；

（六）违反第十九、二十条规定，未依法提供劳动健康保护的；

（七）违反第二十三条规定，未按规定上报民航安检设备信息的；

（八）违反第二十五条规定，未按照民航安检工作运行管理手册组织实施民航安检工作的；

（九）违反第二十八条规定，未在民航安检工作现场设置禁止拍照、摄像警示标识的；

（十）违反第六十二、六十三、六十四、六十五、六十六条规定，未按要求采取民航安检工作特殊情况处置措施的；

（十一）违反第六十七条规定，未按要求建立或者运行应急信息传递及报告程序或者未按要求记录应急信息的。

第八十条　违反第二十六条规定，公共航空运输企业、民用运输机场管理机构未按要求宣传、告知民航安检工作规定的，由民航行政机关责令限期改正，处一万元以下的罚款；逾期未改正的，处一万元以上三万元以下的罚款。

第八十一条　违反第三十九条第二款规定，公共航空运输企业未按要求向旅客通告特殊物品目录及批准程序或者未按要求与民航安检机构建立特殊物品和信息传递程序的，由民航行政机关责令限期改正，处一万元以下的罚款；逾期未改正的，处一万元以上三万元以下的罚款。

第八十二条　有下列情形之一的，由民航行政机关责令民用运输机场管理机构限期改正，可以处一万元以上三万元以下的罚款；逾期未改正的，处一万元以上三万元以下的罚款：

（一）违反第四十一条第二款规定，民用运输机场管理机构未按要求为旅客提供暂存服务的；

（二）违反第四十一条第三款规定，民用运输机场管理机构未按要求提供条件，保管或者处理旅客暂存、自弃、遗留物品的；

（三）违反第六十条第一款规定，民用运输机场管理机构未按要求履行监督检查管理职责的。

第八十三条　有下列情形之一的，由民航安检机构予以纠正，民航安检机构不履行职责的，由民航行政机关责令改正，并处一万元以上三万元以下的罚款：

（一）违反第十六条规定，民航安全检查员执勤时着装或者佩戴标志不符合要求的；

（二）违反第十七条规定，民航安全检查员执勤时从事与民航安检工作无关活动的；

（三）违反第五章第二、三、四节规定，民航安全检查员不服从管理，违反规章制度或者操作规程的。

第八十四条 有下列情形之一的，由民航行政机关的上级部门或者监察机关责令改正，并根据情节对直接负责的主管人员和其他直接责任人员依法给予处分：

（一）违反第十一条规定，未按要求审核民航安检机构运行条件或者提供虚假审核意见的；

（二）违反第六十八条规定，未按要求有效履行监督检查职能的；

（三）违反第七十条规定，未按要求建立民航安检工作违法违规行为信息库的；

（四）违反第七十一条规定，未按要求建立或者运行民航安检工作奖励制度的；

（五）违反第七十二条规定，未按要求建立或者运行民航安检工作违法违规行为举报制度的。

第八十五条 民航安检机构设立单位及民航安全检查员违规开展民航安检工作，造成安全事故的，按照国家有关规定追究相关单位和责任人员的法律责任。

第八十六条 违反本规则有关规定，行为构成犯罪的，依法追究刑事责任。

第八十七条 违反本规则有关规定，行为涉及民事权利义务纠纷的，依照民事权利义务法律法规处理。

第九章 附则

第八十八条 本规则下列用语定义：

（一）"民用运输机场"，是指为从事旅客、货物运输等公共航空运输活动的民用航空器提供起飞、降落等服务的机场。包括民航运输机场和军民合用机场的民用部分。

（二）"民用航空安全检查工作"，是指对进入民用运输机场控制区的旅客及其行李物品，其他人员、车辆及物品和航空货物、航空邮件等进行安全检查的活动。

（三）"航空货物"，是指除航空邮件、凭"客票及行李票"运输的行李、航空危险品外，已由或者将由民用航空运输的物品，包括普通货物、特种货物、航空快件、凭航空货运单运输的行李等。

（四）"航空邮件"，是指邮政企业通过航空运输方式寄递的信件、包裹等。

（五）"民航安全检查员"，是指持有民航安全检查员国家职业资格证书并从事民航安检工作的人员。

（六）"民航安检现场值班领导岗位管理人员"，是指在民航安检工作现场，负责民航安检勤务实施管理和应急处置管理工作的岗位。民航安检工作现场包括旅客人身及随身行李物品安全检查工作现场、托运行李安全检查工作现场、航空货邮安全检查工作现场、其他人员安全检查工作现场及民用运输机场控制区道口安全检查工作现场等。

（七）"旅客"，是指经公共航空运输企业同意在民用航空器上载运的除机组成员以外的任何人。

（八）"其他人员"，是指除旅客以外的，因工作需要，经安全检查进入机场控制区或者民用航空器的人员，包括但不限于机组成员、工作人员、民用航空监察员等。

（九）"行李物品"，是指旅客在旅行中为了穿着、使用、舒适或者方便的需要而携带的物品和其他个人财物。包括随身行李物品、托运行李。

（十）"随身行李物品"，是指经公共航空运输企业同意，由旅客自行负责照管的行李和自行携带的零星小件物品。

（十一）"托运行李"，是指旅客交由公共航空运输企业负责照管和运输并填开行李票的行李。

（十二）"液态物品"，包括液体、凝胶、气溶胶等形态的液态物品。其包括但不限于水和其他饮料、汤品、糖浆、炖品、酱汁、酱膏；盖浇食品或汤类食品；油膏、乳液、化妆品和油类；香水；喷剂；发胶和沐浴胶等凝胶；剃须泡沫、其他泡沫和除臭剂等高压罐装物品（例如气溶胶）；牙膏等膏状物品；凝固体合剂；睫毛膏；唇彩或唇膏；或室温下稠度类似的任何其他物品。

（十三）"重大危险源"，是指具有严重破坏能力且必须立即采取防范措施的物质。

（十四）"航空器安保检查"，是指对旅客可能已经进入的航空器内部的检查和对货舱的检查，目的在于发现可疑物品、武器、爆炸物或其他装置、物品和物质。

（十五）"航空器安保搜查"，是指对航空器内部和外部进行彻底检查，目的在于发现可疑物品、武器、爆炸物或其他危险装置、物品和物质。

第八十九条 危险品航空运输按照民航局危险品航空运输有关规定执行。

第九十条 在民用运输机场运行的公务航空运输活动的安全检查，由民航局另行规定。

第九十一条 在民用运输机场控制区以外区域进行的安全检查活动，参照本规则有关规定执行。

第九十二条 本规则自 2017 年 1 月 1 日起施行。1999 年 6 月 1 日起施行的《中国民用航空安全检查规则》（民航总局令第 85 号）同时废止。

参考文献

1. 甘露，王岩，王茜. 民航安全检查［M］. 北京：航空工业出版社，2019.
2. 胡璐施，乔亮. 民航安全检查概论［M］. 北京：中国民航出版社，2023.
3. 骆永华，王樱兰. 民航安全检查实训［M］. 北京：科学出版社，2019.
4. 魏全斌. 民航安全检查实务［M］. 北京：北京师范大学出版社，2014.
5. 张晗. 民航安全检查［M］. 北京：机械工业出版社，2013.
6. 钟科，邢静. 民航安全检查技术［M］. 北京：清华大学出版社，2017.

项目策划：张文广
项目统筹：谯　洁
责任编辑：李冉冉
责任印制：冯冬青
封面设计：中文天地

图书在版编目（CIP）数据

民航安全检查实训 / 邵丹丹主编 . -- 北京 : 中国旅游出版社, 2025.1. -- ISBN 978-7-5032-7476-3

Ⅰ . F560.81

中国国家版本馆 CIP 数据核字第 20248TL349 号

书　　名：	民航安全检查实训
作　　者：	邵丹丹主编
出版发行：	中国旅游出版社
	（北京静安东里 6 号　邮编：100028）
	https : //www.cttp.net.cn　E-mail : cttp@mct.gov.cn
	营销中心电话：010-57377103，010-57377106
	读者服务部电话：010-57377107
排　　版：	北京中文天地文化艺术有限公司
印　　刷：	三河市灵山芝兰印刷有限公司
版　　次：	2025 年 1 月第 1 版　2025 年 1 月第 1 次印刷
开　　本：	787 毫米 ×1092 毫米　1/16
印　　张：	13
字　　数：	213 千
定　　价：	40.00 元
ＩＳＢＮ	978-7-5032-7476-3

版权所有　翻印必究
如发现质量问题，请直接与营销中心联系调换